Rabbit R1

MODE D'EMPLOI

POUR LES DÉBUTANTS

Un manuel complet étape par étape avec des trucs et astuces essentiels

Par

LINUS NADELLA

Clause de non-responsabilité

L'auteur et l'éditeur ont travaillé avec diligence pour vérifier l'exactitude des informations présentées dans ce livre. Néanmoins, ils déclinent explicitement toute garantie, expresse ou implicite, concernant la précision ou l'exhaustivité des informations contenues dans ces pages. L'auteur et l'éditeur ne peuvent être tenus responsables de tout dommage pouvant découler ou être lié à l'utilisation de ce livre.

Table des matières

Introduction

Bienvenue dans le monde incroyable du Rabbit R1. Un appareil alimenté par l'AI qui pourrait vous faire prêter moins attention à vos smartphones exigeants. Cette merveille technologique de couleur orange n'est pas un remplacement de téléphone, mais un assistant virtuel de poche conçu pour gérer des tâches spécifiques avec plus de finesse que vos smartphones.

Intrigué? Nous aussi. Après les débuts éclatants du Rabbit R1 au CES, nous avons décroché l'une des premières commandes et sommes prêts à explorer son potentiel. Mais avant de libérer ses merveilles, jetons un coup d'œil à l'intérieur de la boîte.

Un léger oubli: il manque un câble de chargement dans la box. Alimenté par une batterie lithium-ion standard, il utilise un port USB Type C commun. Cela signifie que vous pouvez utiliser n'importe quel câble et adaptateur existant pour le charger. Alors que la plupart des gadgets, même les smartphones au boîtier mince, incluent un câble de nos jours, cela constitue un obstacle mineur pour un appareil par ailleurs passionnant.

Le Rabbit R1 surfe sur la vague de gadgets d'AI innovants qui émergent parallèlement au succès des chatbots comme ChatGPT. Contrairement au logiciel de votre téléphone, le R1 dispose d'un système d'exploitation unique alimenté par un grand modèle d'action. Considérez-le comme une version suralimentée des modèles de langage qui pilotent les IA basées sur du texte.

Le R1, selon ses créateurs, est formé pour imiter l'interaction humaine avec les applications et les services, éliminant potentiellement le besoin de tapotements manuels répétitifs. Peut-il véritablement révolutionner la façon dont nous interagissons avec la technologie?

Restez à l'écoute pendant que nous explorons les profondeurs du Rabbit R1. Ce guide de l'utilisateur sera votre feuille de route pour libérer tout son potentiel, ses bizarreries et tout le reste. Nous commencerons par sa configuration pour explorer ses capacités uniques d'AI et vous apprendrons même 101 choses que vous pouvez faire avec votre R1 et deviendrez un utilisateur expérimenté de cette merveille orange en un rien de temps.

Chapitre 1

Principales caractéristiques du Rabbit R1

N'oubliez pas que le Rabbit R1 est plus qu'un simple appareil technologique; c'est un compagnon d'apprentissage qui s'adapte à vos préférences. Connaître ses fonctionnalités clés vous aidera à libérer tout le potentiel de cet assistant AI.

<u>Spécifications de l'appareil Rabbit R1</u>

Dimensions:

Compact et élégant, le Rabbit R1 mesure 78 mm x 78 mm x 13 mm (3 pouces x 3 pouces x 0,5 pouces), offrant un équilibre parfait entre portabilité et fonctionnalité.

Bouton Appuyer pour parler:

L'interaction vocale gagne une dimension supplémentaire de contrôle utilisateur sur le Rabbit R1 grâce à son bouton Push-to-Talk (PTT) bien en vue. Fonctionnant comme un talkie-walkie, il permet aux utilisateurs d'activer manuellement le microphone lorsqu'ils sont prêts à parler. Ce mécanisme simple minimise les déclencheurs accidentels tout en signalant l'intention et en rationalisant le dialogue.

Le mode d'écoute permanent standard des assistants virtuels risque de se réveiller aléatoirement au milieu d'une conversation, ce qui nécessite ensuite de répéter des déclarations. Mais avec le contrôle PTT, les conversations restent ordonnées. Les sessions démarrent instantanément en appuyant sur un bouton sans mots de réveil préalables.

Poids:

Pesant seulement 115 g, le Rabbit R1 garantit une expérience utilisateur légère et pratique, idéale pour une utilisation en déplacement.

Autonomie de la batterie et capacités de charge:

Équipé pour des performances durables, le Rabbit R1 bénéficie d'une autonomie de batterie qui supporte plus de 500 cycles à un taux impressionnant de 80 %. La charge est efficace avec un courant de 500 mA et une capacité robuste de 1 000 mAh. Une charge complète prend environ 45 minutes. La batterie devrait durer plus longtemps avec les futures mises à jour logicielles.

Résolution vidéo:

Les capacités vidéo de cet appareil révolutionnaire incluent une résolution de 24 ips et 1080p, garantissant une clarté et des visuels fluides.

Mémoire:

Avec 4 Go de mémoire, le Rabbit R1 gère sans effort diverses applications, garantissant des transitions fluides entre les tâches.

Détails de connectivité:

Restez connecté en toute transparence grâce au Bluetooth 5.0, au Wi-Fi prenant en charge les fréquences de 2,4 GHz et 5 GHz et à la commodité supplémentaire des capacités 4G LTE.

Couleur:

Le Rabbit R1 adopte une esthétique vibrante avec sa couleur Leuchtorange, ajoutant une touche de style à son design élégant.

Sortie audio:

Il offre un son clair et net rendu possible par sa sortie haut-parleur de 2 W, offrant une expérience audio exceptionnelle.

Entrée audio:

Pour améliorer l'interaction de l'utilisateur, le Rabbit R1 dispose d'un double microphone pour des capacités d'entrée audio et de reconnaissance vocale supérieures.

Afficher:

Naviguez facilement grâce à l'écran tactile TFT 2,88, offrant une interface réactive et intuitive pour une expérience utilisateur améliorée.

Processeur:

Alimenté par le processeur MediaTek MT6765 Octa-core (Helio P35), le Rabbit R1 garantit des performances rapides et efficaces pour tous vos besoins informatiques.

Fréquence maximale du processeur:

Bénéficiez d'une utilisation transparente avec une fréquence CPU maximale de 2,3 GHz, offrant réactivité et vitesse à chaque opération.

Stockage:

Un stockage suffisant est à votre disposition avec 128 Go, fournissant l'espace nécessaire pour les applications, les médias et les fichiers sans compromettre les performances.

Services de location:

Naviguez avec précision à l'aide du magnétomètre et du GPS du Rabbit R1, garantissant un suivi de localisation précis.

Capteur de mouvement:

Avec cet appareil, l'interactivité est améliorée avec un accéléromètre et un gyroscope, permettant une détection de mouvement intuitive et réactive.

Températures de fonctionnement:

Le Rabbit R1 prospère dans divers environnements, avec une plage de fonctionnement de 0°C à 45°C ou 32° à 113°F.

Résolution des photos:

Visualisez les images à travers les objectifs de cet appareil grâce à son appareil photo 8MP, offrant une résolution de 3264x2448 pour un bel affichage.

Emplacement pour carte SIM:

Restez connecté selon vos conditions grâce à son emplacement pour carte SIM accessible via le plateau de carte SIM, permettant une flexibilité dans le choix de votre fournisseur de réseau préféré et la gestion de vos contacts.

La molette de défilement analogique:

Pour une navigation simple, une molette de défilement analogique texturée borde l'écran. Ses crans précis fournissent un retour tactile satisfaisant lorsqu'il est basculé. Cela se combine avec des gestes de toucher et de glissement pour un contrôle fluide de l'interface utilisateur. Qu'il s'agisse de faire défiler les résultats ou de zoomer sur des cartes, le R1 maintient les interactions sans friction.

L'œil rotatif à 360° :

Perchée sur la couronne du R1 se trouve la caméra de vision, un appareil photo de 8 mégapixels sur un support rotatif. Il est capable d'effectuer un panoramique horizontal de 360 degrés et de s'incliner jusqu'à 30 degrés au-dessus de l'horizontale. Son objectif fish-eye capture des photos fixes immersives ainsi que des vidéos nettes à une résolution de 1080p. Pour activer la caméra, cliquez deux fois sur le bouton lorsque vous êtes sur l'écran d'accueil et pour la faire pivoter, utilisez simplement la molette de défilement.

Avec cette caméra, les utilisateurs peuvent ainsi inspecter les objets environnants et apprendre des choses qu'ils ne connaissaient pas, en utilisant la capacité de numérisation d'objets à la demande du R1.

Intégration de Wolfram Alpha sur Rabbit R1

Rabbit est ravi de s'associer à Wolfram, un leader dans la fourniture d'intelligence informatique depuis plus de 30 ans. Avec la nouvelle mise à jour, Rabbit r1 inclut désormais Wolfram Alpha, permettant aux utilisateurs d'accéder à sa base de connaissances et à son moteur spéciaux. Cela signifie que les utilisateurs de R1 bénéficieront d'une bien meilleure précision pour les questions liées aux mathématiques, aux sciences, à la technologie, à la société et à la culture.

C'est la première fois que Wolfram Alpha est ajouté à un appareil IA. Ensemble, Rabbit et Wolfram visent à rendre la connaissance plus accessible à tous. La combinaison de la technologie de Wolfram et de la plateforme de Rabbit permet de créer un assistant d'AI capable de fournir des calculs précis et d'accéder à un large éventail de connaissances et de données en temps réel.

La prochaine mise à jour du mode d'apprentissage

Avec le mode Teach, n'importe qui peut créer ses propres lapins alimentés par LAM sans avoir besoin de savoir coder. Vous pouvez enregistrer votre voix et expliquer ce que vous voulez, et Rabbit OS exécutera vos instructions. LAM apprendra de vos commentaires et créera un lapin qui peut être utilisé dans différentes situations. Au cas où vous feriez un lapin qui pourrait aider les autres? Vous pouvez le vendre et le partager sur le prochain Rabbit Store.

Imaginez un avenir dans lequel votre Rabbit R1 pourra gérer efficacement des tâches complexes sur les sites Web que vous fréquentez ou exploiter de manière transparente toutes vos applications préférées sans nécessiter votre implication directe avec votre téléphone mobile ou votre ordinateur portable.

Nous pensons qu'il peut naviguer sans relâche sur les marchés en ligne pour obtenir les offres les plus intéressantes sur n'importe quel produit que vous désirez, en remplissant de manière autonome de longs formulaires avec vos préférences, ou même en appliquant des codes de réduction pendant le processus de paiement. La fonction révolutionnaire Teach Mode permettra de concrétiser cette vision.

Comment ça marche?

- **Interface intuitive:** Une interface conviviale vous guidera tout au long du processus du mode Teach. Sélectionnez simplement le site Web ou l'application que vous souhaitez que votre Rabbit R1 apprenne et laissez la magie opérer.

- **Apprentissage étape par étape:** Parcourez votre Rabbit R1 à travers les actions souhaitées, clic par clic. Le mode Teach capturera intelligemment vos interactions à l'écran et comprendra la logique sous-jacente.

- **Intelligence adaptative:** Plus vous enseignez, plus votre Rabbit R1 devient astucieux. Il apprendra à identifier des modèles et à s'adapter aux changements du site Web, garantissant ainsi une exécution fluide et efficace des tâches.

Alors, quelles sont les possibilités?

- **Devenez un utilisateur expérimenté:** Rationalisez votre expérience d'achat en ligne, automatisez les tâches répétitives sur des sites Web spécifiques ou personnalisez même vos interactions sur les réseaux sociaux. Les possibilités sont illimitées!

- **Accessibilité:** Le mode Teach permettra aux utilisateurs ayant un handicap physique de naviguer facilement dans des environnements en ligne complexes. Imaginez gérer sans effort des transactions financières ou effectuer des tâches fastidieuses en ligne, le tout avec l'aide de votre Rabbit R1 formé.

- **Libérez votre créativité:** Le mode Teach ne se limite pas aux tâches prédéfinies. Imaginez entraîner votre Rabbit R1 à organiser un fil d'actualité personnalisé, à générer des rapports personnalisés à partir d'ensembles de données complexes ou même à vous aider dans des projets créatifs.

L'avenir est personnel:

L'avenir de l'appareil Rabbit R1, doté du mode Teach, représente un changement de paradigme dans la trajectoire des premiers assistants IA. Cela transcendera le simple fait de suivre des commandes; il s'agira d'étudier et d'apprendre de son propriétaire, de s'adapter à ses besoins et de devenir son extension numérique.

La prochaine interface utilisateur générative

Le Rabbit R1 va au-delà d'un simple assistant d'AI puissant avec la sortie imminente de sa fonctionnalité révolutionnaire d'interface utilisateur générative. Cette innovation révolutionnaire brouillera efficacement les frontières entre l'interface utilisateur et l'imagination humaine. Plutôt que des menus et des mises en page statiques, l'interface utilisateur générative s'adaptera et présentera dynamiquement des interfaces adaptées précisément aux besoins et au flux de travail actuels de l'utilisateur.

Alimenté par une AI de pointe, le R1 apprendra les habitudes des utilisateurs, anticipera les intentions et générera des expériences utilisateur contextuelles à la volée, en affichant uniquement les informations et les commandes pertinentes pour chaque scénario unique. Fini l'encombrement excessif ou le balayage sans fin des menus.

L'interface utilisateur générative promet de stimuler la créativité, de redéfinir l'accessibilité et d'ouvrir un monde sans limites pour les utilisateurs. Il pourrait visualiser des idées en temps réel lors d'un brainstorming ou adapter ses interfaces à différents styles d'apprentissage et capacités physiques.

Imaginez des interfaces transcendant les barrières linguistiques ou conservant parfaitement des données scientifiques complexes. L'interface utilisateur générative éliminera les expériences utilisateur rigides, établissant plutôt un pont transparent et fluide entre les humains et les machines. Le Rabbit R1 sera plus qu'un simple assistant avec cette fonctionnalité. Avec cette fonctionnalité, une nouvelle ère émergera où l'individu sera véritablement autonome et libéré des contraintes des interfaces utilisateur conventionnelles.

Mises à jour récentes

Le Rabbit R1 a reçu son ensemble de premières mises à jour logicielles majeures, visant à améliorer l'expérience utilisateur et à résoudre des problèmes clés. Vous trouverez ci-dessous les principales mises à jour incluses dans cette version:

- **Performances améliorées de la batterie**: La durée de vie de la batterie en veille a été multipliée par 5, répondant ainsi à une préoccupation majeure des utilisateurs.

- **Fonctionnalités du fuseau horaire**: Les utilisateurs peuvent désormais sélectionner leur fuseau horaire dans le menu des paramètres, et les mises à jour du fuseau horaire sont plus précises en fonction de la localisation GPS.

- **Services GPS améliorés**: Les services de localisation GPS ont été améliorés avec une meilleure prise en charge de l'AGPS, permettant à l'appareil de mieux savoir quand utiliser le GPS pour les requêtes de localisation.

- **Informations temporelles précises**: Les conversations fournissent désormais des informations temporelles plus précises.

- **Mise à niveau de l'interface utilisateur de lecture de musique**: L'interface utilisateur pour la lecture de musique a été améliorée pour une meilleure expérience d'écoute.

- **Fiabilité Bluetooth**: La fiabilité des connexions Bluetooth a été améliorée, avec des optimisations continues prévues.

- **Stabilité de l'assistant de réunion**: L'assistant de réunion et l'enregistreur sont désormais plus stables et peuvent prendre en charge des durées plus longues.

- **Meilleures fonctionnalités de traduction et de météo**: Des améliorations ont été apportées à la traduction bidirectionnelle et aux expériences liées à la météo et à l'heure.

- **Hallucinations LLM réduites**: Il y a eu une nouvelle réduction des inexactitudes lors des interactions avec le modèle de langage.

- **Améliorations du Rabbithole**: L'interface de chargement a été améliorée, les messages d'erreur pour les sessions expirées ont été améliorés et la lisibilité du code QR a été augmentée.

- **Messages d'erreur informatifs**: les messages d'erreur de synthèse vocale issus des requêtes de feuilles de calcul sont désormais plus utiles.

Ces mises à jour reflètent l'engagement de Rabbit à améliorer la R1 et à répondre efficacement aux commentaires des utilisateurs. Rabbit se concentre sur la fourniture de mises à jour rapides à ses utilisateurs. Gardez un œil sur leurs réseaux sociaux pour connaître les notes de publication sur les futures mises à jour.

Composants clés du Rabbit R1

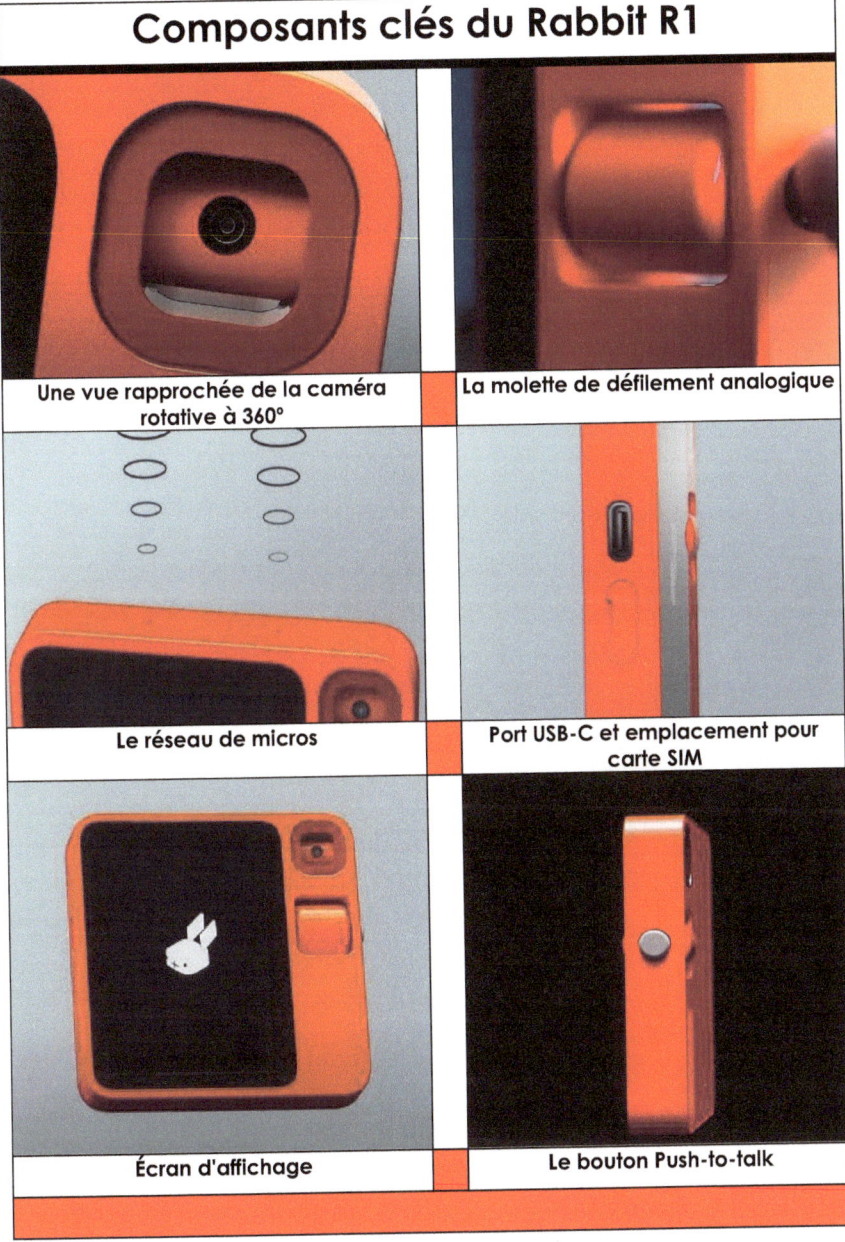

Une vue rapprochée de la caméra rotative à 360°	La molette de défilement analogique
Le réseau de micros	Port USB-C et emplacement pour carte SIM
Écran d'affichage	Le bouton Push-to-talk

Chapitre 2

Déballage de l'appareil du Rabbit R1

Les appareils informatiques doivent être suffisamment simples à utiliser pour n'importe qui.

Cette vision fondatrice a guidé Rabbit dans le développement de l'assistant Rabbit R1. Le décalage entre le progrès technique et les besoins humains a déclenché les premiers croquis du Rabbit R1. Maintenant, dévoilons votre nouvel appareil R1 et explorons son contenu.

Comment déballer, configurer et commencer à utiliser l'appareil Rabbit R1: un guide étape par étape

La configuration de votre Rabbit R1 se fait sans effort si vous respectez les étapes simples ci-dessous, du déballage au démarrage de l'appareil et à sa configuration. Chaque étape mène de manière transparente à la suivante, garantissant une navigation fluide sur votre appareil intelligent. Avec précision, vous exploiterez bientôt tout le potentiel du Rabbit R1, enrichissant sans effort votre expérience numérique.

Étape 1: Déballage du Rabbit R1

Comme d'autres gadgets électroniques familiers, le R1 est livré dans une modeste boîte en carton écologique marron à l'esthétique minimaliste. Pour le déballer correctement, suivez ces instructions:

- Utilisez un objet pointu pour retirer le film plastique transparent entourant la boîte du Rabbit R1.

- Identifiez la languette désignée sur un côté de la boîte. Reportez-vous à l'image de la page suivante pour obtenir des conseils. Tirez doucement sur la languette marquée d'une flèche jusqu'à ce que la section du carton se décolle entièrement jusqu'au bord. Vous pouvez maintenant ouvrir la boîte.

- À l'intérieur de la boîte, une mousse carrée dense amortit l'appareil. Retirez-le pour révéler le Rabbit R1 niché au centre, sécurisé par le même type de mousse.

- Retirez délicatement l'appareil de la boîte et retirez la fine pellicule plastique. Ouvrez le boîtier transparent en forme de cassette rétro pour accéder à l'appareil R1. De plus, vous pouvez utiliser le boîtier rétro transparent comme support portable pour votre appareil.

- Prenez l'appareil et décollez délicatement la couche de protection d'écran temporaire.

Déballage de l'appareil Rabbit R1

Un appareil Rabbit R1 entièrement en boîte

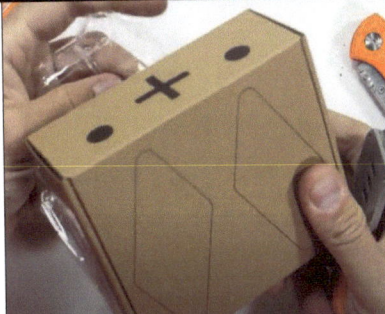

Utilisez un objet pointu pour retirer le film plastique transparent

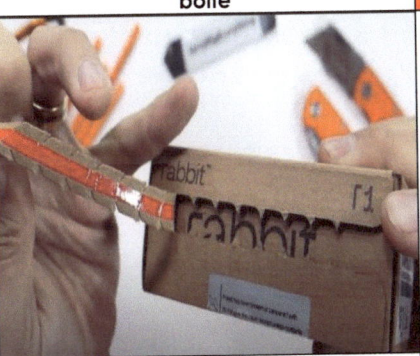

La languette désignée sur un côté de la boîte

Récupérez soigneusement l'appareil de la boîte et retirez la fine pellicule plastique.

Ouvrez et sortez l'appareil du boîtier en plastique

Décollez doucement la couche de protection d'écran temporaire

Étape 2: démarrer votre Rabbit R1

Démarrer et configurer le Rabbit R1 est beaucoup plus simple que de nombreux smartphones modernes. Les étapes sont simples, avec des invites à l'écran pour vous guider tout au long du processus. Passons en revue les étapes à suivre:

- Maintenez le bouton latéral enfoncé pendant 3 à 5 secondes pour allumer l'appareil.

- Une fois allumé, laissez la séquence de démarrage s'exécuter jusqu'à ce que vous voyiez une image du périphérique Rabbit R1 tourner sur l'écran. Cliquez sur le bouton latéral lorsque vous y êtes invité.

- Sélectionnez votre réseau Wi-Fi. Si aucune n'est disponible, assurez-vous qu'une connexion Wi-Fi rapide à proximité est active.

- S'il existe plusieurs réseaux Wi-Fi, utilisez la molette de défilement pour naviguer et sélectionner le vôtre.

- Faites pivoter l'appareil comme indiqué sur l'écran pour positionner la molette de défilement vers le bas. Un clavier virtuel apparaîtra pour vous sur l'écran pour saisir le mot de passe correct pour le Wi-Fi que vous avez sélectionné.

- Après avoir saisi le mot de passe correct, connect et connecting s'afficheront, indiquant la connexion réseau. Deux icônes, X en charge et √ réseau connecté, apparaîtront également.

- Branchez votre appareil sur une source d'alimentation à l'aide d'un chargeur de type C pour lancer une mise à jour automatique du logiciel.

- Laissez le téléchargement du logiciel atteindre 100 %. Si l'écran se met en veille, appuyez sur le bouton latéral pour le réveiller.

- Une fois téléchargé, le logiciel vérifiera automatiquement. Attendez que la vérification atteigne 100 %.

- Après vérification, le logiciel sera finalisé. Laissez-le atteindre 100 %. L'écran affichera mise à jour terminée une fois terminée.

- Laissez l'appareil démarrer sans interruption. Le logo R1 tournera pendant une minute ou moins avant d'afficher l'écran d'accueil.

- À ce stade, votre appareil est entièrement configuré et prêt à être utilisé.

Démarrer votre Rabbit R1

Allumez l'appareil en maintenant enfoncé le bouton lateral

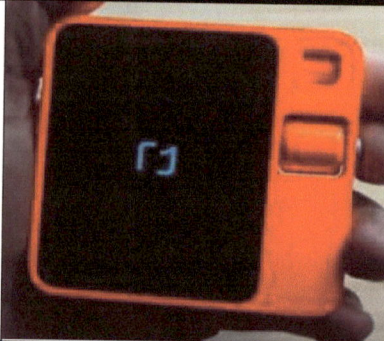

Autoriser l'exécution de la séquence de démarrage

Utilisez la molette de défilement pour sélectionner un réseau Wi-Fi disponible

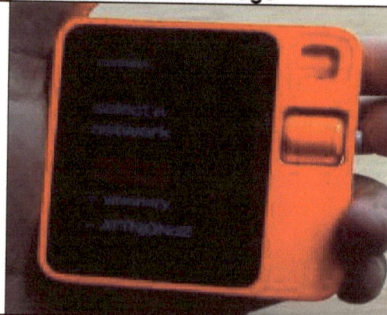

Cliquez sur le bouton latéral pour commencer à vous connecter

Tournez l'appareil comme indiqué et saisissez le mot de passe Wi-Fi correct

Le réseau commencera à se connecter

Démarrer votre Rabbit R1

Branchez votre appareil sur une source d'alimentation pour lancer une mise à jour automatique du logiciel.

Laisser la finalisation du logiciel se terminer

Après la mise à jour, l'appareil affichera cet écran d'accueil

Vous pouvez maintenant maintenir le bouton latéral enfoncé et inviter l'appareil R1

Étape 3: Activation et liaison de votre compte Rabbithole

Pour lier votre appareil à un compte Rabbithole, procédez comme suit:

- Visitez le site Web fourni (https: //www.rabbit.tech/activate) à l'aide de votre ordinateur portable.
  Note: *(Actuellement, vous pouvez visiter le site Web avec votre téléphone mais vous ne pouvez pas effectuer certaines tâches comme connecter les applications disponibles)*

- Lors de l'ouverture, vous serez invité à saisir votre e-mail et votre mot de passe. Puisque vous êtes nouveau, cliquez sur s'inscrire pour créer un compte.

- Entrez votre adresse e-mail et choisissez un mot de passe unique qui répond aux critères spécifiés (8 caractères ou plus, avec au moins 3 des éléments suivants: lettres minuscules (az), lettres majuscules (AZ), chiffres (123), caractères spéciaux (@! $%^&*+)).

- Cliquez sur Continuer après avoir fourni vos informations d'identification.

- Vous recevrez un avis vous demandant d'accepter les conditions d'utilisation, la politique de confidentialité et la politique en matière de cookies de Rabbit. Sélectionnez J'accepte, puis cliquez sur Continuer.

- Vérifiez votre courrier électronique pour un message de vérification de l'équipe Rabbit R1 et suivez les instructions pour vérifier votre compte.

- Revenez à l'onglet précédent et cliquez sur continuer à vous connecter ou renvoyer si vous n'avez pas reçu l'e-mail de vérification. Vous pouvez également choisir de vous déconnecter si vous avez saisi le mauvais e-mail.

- Connectez-vous à votre compte Rabbithole avec votre e-mail et votre mot de passe corrects.

- Une fois connecté, cliquez sur le bouton connecter un R1 et saisissez votre nom complet pour une expérience personnalisée avec votre Rabbit R1. Ensuite, appuyez sur continuer.

- Un appareil Rabbit R1 portant un code QR apparaîtra à l'écran.

- Sur votre appareil Rabbit, cliquez sur Continuer pour activer la caméra à balayage QR du R1.

- Utilisez l'appareil photo du R1 pour scanner le code QR sur l'écran de votre PC. Une fois l'analyse réussie, le R1 vous demandera de configurer un mot de passe sécurisé. Utilisez la molette de défilement pour sélectionner un mot de passe, en cliquant sur le bouton latéral pour choisir chaque numéro.

- Après avoir défini le mot de passe, l'appareil vous informera que vous pouvez appuyer deux fois sur le bouton latéral pour activer la caméra et le maintenir enfoncé pour activer l'assistant Rabbit pour les questions et l'assistance.

- Après avoir effectué les tâches indiquées dans les invites, vous serez redirigé vers l'écran d'accueil.

- Sur l'ordinateur portable ou le PC utilisé pour accéder au code QR, votre nom sera affiché sur la plateforme Rabbithole dans ce format gérer le r1 de [Votre nom].

- Une image 3D de l'appareil R1 tournera sous l'écriture. Sur cette interface, vous pouvez marquer votre appareil comme perdu s'il est manquant.

Activation et liaison de votre compte Rabbithole

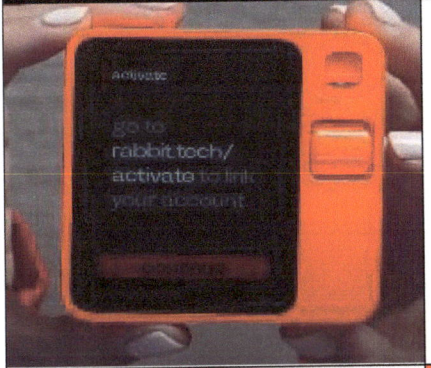	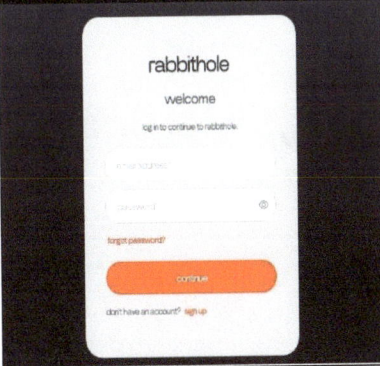
À l'aide de votre ordinateur portable ou PC, visitez le site Web Rabbit.	Le site Web vous demandera votre e-mail et votre mot de passe.
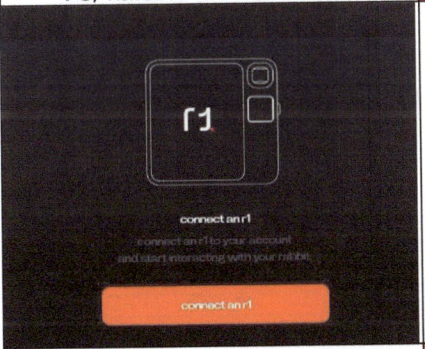	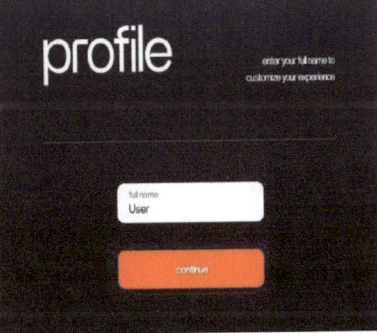
Connectez votre R1 en cliquant sur le bouton.	Entrez votre nom complet pour personnaliser votre expérience.

Scannez le code QR pour activer votre compte.	Configurer un mot de passe sécurisé

chapitre 3

Un regard rapproché sur le portail Rabbithole

Loin d'être une nouveauté à fonction unique, le Rabbit R1 est polyvalent en tant que compagnon et assistant, rendu possible par son puissant LAM (Large Action Model) et la plateforme Rabbithole.

Le design rétro du R1 cache une puissante IA qui converse, informe et exécute des tâches via des commandes en langage naturel. Qu'il soit posé sur un bureau, tenu en main ou glissé dans une poche, la connectivité constante de l'appareil permet aux utilisateurs de lui déléguer des tâches en cas de besoin.

Le Rabbit R1 est plus qu'un hack de productivité. En tant qu'enseignant, guide ses utilisateurs pour mettre à jour leurs connaissances sur n'importe quoi. Grâce aux instructions du patient, le R1 peut responsabiliser les novices comme les experts. Son objectif n'est pas de remplacer les smartphones mais de libérer davantage le potentiel humain tout en gagnant du temps.

Le Rabbithole est un portail Web sécurisé qui fait office de plaque tournante centrale pour la gestion de votre appareil Rabbit R1. C'est ici que vous effectuerez une configuration secondaire de votre appareil, le connecterez à divers services tiers et accéderez à toutes vos activités et enregistrements. Voici un aperçu de ce que vous pouvez attendre du Rabbithole:

Connexions tierces:

- Le Rabbithole agit comme un pont entre le Rabbit R1 et divers services tiers tels que Uber pour le covoiturage, Midjourney pour la génération d'images, DoorDash pour la commande de nourriture, Spotify pour la musique et potentiellement d'autres à l'avenir.

- Cela permet à l'assistant IA du Rabbit R1 d'interagir avec ces services en votre nom, en effectuant des tâches telles que commander la livraison de nourriture ou écouter de la musique sans avoir besoin d'ouvrir les applications directement sur le R1.

Accès et gestion des informations:

- Le Rabbithole peut stocker des informations générées par votre R1, telles que des enregistrements vocaux, des recherches visuelles capturées avec la caméra, des images générées par l'AI et des reçus intégrés à l'application (selon les fonctionnalités).

- ○ Il vous permet de consulter ces informations, de supprimer éventuellement ce dont vous n'avez pas besoin et de gérer l'espace de stockage de votre appareil.

Notes IMPORTANTES:

- Le Rabbithole est actuellement un portail Web, ce qui signifie que vous aurez besoin d'un ordinateur, d'une tablette ou d'un smartphone doté d'une connexion Internet pour y accéder.

- Pour l'instant, il n'existe pas d'application Rabbithole dédiée aux appareils mobiles, bien que les fonctionnalités puissent changer à l'avenir.

- La sécurité est une priorité au Rabbithole. Il est conçu pour être une plateforme sécurisée pour gérer votre Rabbit R1 et ses intégrations.

Modifications futures possibles du Rabbithole

Étant donné que le Rabbit R1 est un nouvel appareil, voici quelques possibilités prévisibles pour le Rabbithole sur la base de ce que nous savons jusqu'à présent:

- **Personnalisation:** Le Rabbithole peut offrir des options pour personnaliser votre expérience R1. Il peut exister des options permettant aux utilisateurs de créer des raccourcis vocaux personnalisés pour les commandes fréquemment utilisées ou de configurer des sources d'informations préférées pour les briefings quotidiens.

- **Fonctionnalités communautaires:** Le Rabbithole pourrait potentiellement évoluer vers un centre communautaire pour les utilisateurs de Rabbit R1. Cela peut comporter des forums pour partager des conseils, résoudre des problèmes ensemble ou même créer des trucs et astuces personnalisés pour l'assistant vocal que d'autres pourront télécharger.

- **Fonctionnalités avancées:** En fonction des capacités futures du Rabbit R1, le Rabbithole pourrait offrir des fonctionnalités avancées telles que la visualisation de données pour les trackers de santé et de condition physique ou des rapports de progression sur les objectifs d'apprentissage des langues.

- **Contrôles de confidentialité:** Le Rabbithole devrait fournir des contrôles de confidentialité robustes. Cela pourrait inclure des options pour gérer les données stockées (par exemple, les enregistrements vocaux), définir des périodes de conservation des données et avoir un contrôle exclusif sur la façon dont vos données sont utilisées avec des intégrations tierces.

Incertitudes et limites du Rabbithole:

- **Fonctionnalités limitées:** Le Rabbithole avait des fonctionnalités limitées au lancement, même si ses fonctionnalités devraient s'étendre au fil du temps grâce à des mises à jour logicielles régulières.

- **Dépendance à l'intégration de tiers:** L'utilité des appareils Rabbithole et Rabbit R1 dépend fortement du nombre et de la gamme de services tiers auxquels ils peuvent s'intégrer.

- **Problèmes de sécurité des données:** Bien que la sécurité soit une priorité, il est important de rester vigilant quant aux pratiques de sécurité des données et de comprendre comment vos informations sont utilisées au sein du terrier.

Le Rabbithole a le potentiel d'être un outil puissant pour gérer votre Rabbit R1 et libérer tout son potentiel. Cependant, il est important de garder à l'esprit les incertitudes car l'appareil et son écosystème sont encore nouveaux.

Le portail Rabbithole

Vous pouvez accéder à vos enregistrements audio et à votre résumé sur cette plateforme.

Vous pouvez également télécharger ou supprimer des images à partir d'ici.

Affichez et accédez à toutes les connexions de vos applications à partir d'ici.

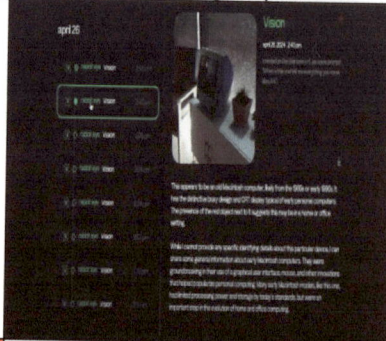

Copiez les réponses de l'AI depuis la plateforme Rabbithole.

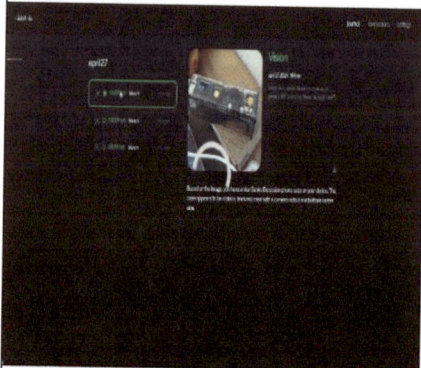

Gardez un registre détaillé de toutes vos activités.

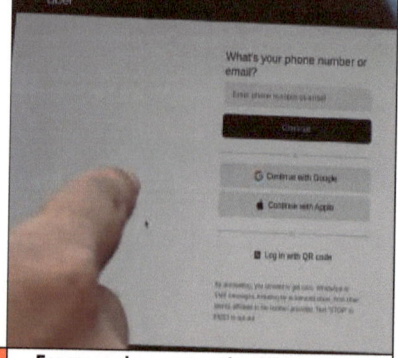

Essayer de connecter UBER sur le portail Rabbithole

Chapitre 4

Interagir avec l'assistant Rabbit AI

Le R1 dispose de capacités de reconnaissance vocale précises, détectant avec précision les voix tout en filtrant efficacement le bruit de fond. Utilisant une gamme de microphones, il triangule le son pour assurer une réception optimale. Par conséquent, les utilisateurs peuvent articuler leurs demandes de manière naturelle et sans effort, sans avoir besoin de répétitions ou de voix élevées.

Le Rabbit R1 se démarque comme étant bien plus qu'un simple assistant virtuel typique. Cet appareil intelligent de la taille d'une paume vise à révolutionner nos interactions avec l'AI. Bien qu'il partage une essence ludique avec d'autres appareils technologiques Teenage Engineering, il s'écarte des smartphones de plusieurs manières.

15 façons d'optimiser l'assistant IA de votre lapin r1 pour une interaction transparente:

1. **Appréciez l'assistant vocal du R1:** Le R1 brille lorsque vous lui parlez directement. Lorsque vous parlez à l'appareil, utilisez un ton clair et concis pour les commandes et les questions. Imaginez que vous avez une conversation avec un de vos amis intelligents.

2. **La spécificité est la clé:** Plus vos demandes sont spécifiques, mieux le R1 saura comprendre vos besoins. Au lieu d'un vague jouer de la musique, essayez jouer des chansons optimistes des années 80 . Assurez-vous également que vos invites sont exactes; l'assistant IA s'appuie sur des informations véridiques pour fournir des réponses correctes. Bien qu'il puisse occasionnellement corriger des erreurs dans votre invite, il peut également répondre sur la base d'informations erronées dans certains cas.

3. **Décomposez-le:** Les tâches complexes peuvent être décomposées en demandes plus petites et plus compréhensibles. Vous avez de nombreuses questions auxquelles vous avez besoin de réponses claires? Demandez-les un à la fois pour une meilleure précision.

4. **Option clavier:** Le R1 s'adresse à divers styles de communication. Si vous avez une déficience

auditive, le clavier intégré vous permet d'interagir de manière transparente avec l'assistant IA, cette fonctionnalité est parfaite pour maintenir la paix dans une bibliothèque ou une réunion. Tapez clairement vos demandes et commandes, et l'assistant IA par texte vous donnera des réponses appropriées à l'écran.

Note: Pour activer le clavier, procédez comme suit:

1. Secouez votre appareil pour ouvrir la page des paramètres
2. À l'aide de votre molette de défilement, faites défiler jusqu'à l'option Activer le terminal et allumez-la à l'aide du bouton latéral si elle a été éteinte.
3. Faites défiler vers le haut pour localiser l'option d'accueil dans le menu des paramètres, puis cliquez sur le bouton latéral pour ouvrir la page d'accueil.
4. Maintenant, faites pivoter doucement votre appareil vers le haut pour activer le clavier (la molette de défilement doit être tournée vers le bas).

5. **Maintenez le bouton latéral enfoncé**: Le Rabbit R1 utilise un bouton latéral pour activer les commandes vocales. Maintenir ce bouton enfoncé tout en parlant garantit que l'assistant IA est

pleinement engagé et écoute l'intégralité de votre demande. Ne relâchez pas votre doigt du bouton tant que vous n'avez pas fini de parler. Cette action simple contribue à améliorer la précision et réduit le risque de commandes mal interprétées.

6. **Ajuster correctement le volume**: Un élément clé d'une communication claire est l'audibilité. N'ayez pas peur de régler le volume du R1 pour vous assurer que vous pouvez entendre les réponses de l'assistant IA haut et fort. Cela permet d'éviter toute confusion et de rationaliser votre interaction. Assurez-vous également que votre voix est suffisamment forte pour que l'appareil vous entende clairement lorsque vous lui parlez.

7. **La gentillesse compte**: Bien que le R1 soit un gadget rendu possible par l'apprentissage automatique, il se nourrit du renforcement positif. Des études ont montré que l'utilisation d'un langage poli et respectueux lors de l'interaction avec les assistants IA peut conduire à des réponses plus précises et plus utiles. Considérez-le comme favorisant un partenariat productif avec votre compagnon numérique.

8. **Utilisez votre emplacement**: Le R1 peut tirer parti de sa connaissance de l'emplacement pour améliorer votre expérience. Par exemple, demander restaurants à proximité fournira des résultats spécifiques à votre emplacement actuel.

9. **Maîtriser le multitâche**: Le R1 est un génie multitâche. N'ayez pas peur d'enchaîner des commandes, mais ne le faites pas trop longtemps, une chaîne de trois commandes est acceptable. Par exemple, dites Dites-moi quelle est la date d'aujourd'hui, réglez une minuterie sur 10 minutes et écoutez la musique apaisante de One Republic. Le R1 peut gérer facilement ces requêtes séquentielles.

10. **Posez des questions de suivi**: Le R1 peut gérer les questions complémentaires. Par exemple, si vous n'avez pas bien compris les gros titres des journaux du matin qu'il vous a lus, demandez simplement Pouvez-vous répéter les gros titres? L'assistant IA peut accéder aux interactions précédentes au sein d'une conversation, ce qui facilite l'obtention des informations dont vous avez besoin sans repartir de zéro.

11. **Connectivité Bluetooth**: Si vous possédez d'autres produits Teenage Engineering ou appareils numériques permettant la connectivité Bluetooth, explorez les intégrations potentielles avec le R1. Imaginez donner des commandes vocales à votre R1 et entendre les réponses via les haut-parleurs de votre maison. Cela crée une expérience de maison intelligente transparente.

12. **Devenez un utilisateur expérimenté**: Le R1 a des profondeurs cachées. Outre la richesse des informations sur le R1 exposées dans ce guide de

l'utilisateur, recherchez en ligne des fonctionnalités avancées et des conseils d'utilisation non officiels. Vous découvrirez peut-être des raccourcis vocaux pour des tâches spécifiques ou des fonctionnalités cachées qui améliorent votre interaction.

13. **Le pouvoir de Hey Rabbit (ou tout ce que vous choisissez)**: Personnalisez votre mot de réveil! Fatigué de dire Hey Rabbit? Remplacez-le par une phrase plus confortable (dans les limites des paramètres autorisés) pour créer une expérience d'interaction IA véritablement personnalisée.

14. **Les commentaires sont essentiels**: Le R1 se nourrit du feedback. Si l'assistant IA vous comprend mal, n'hésitez pas à le corriger poliment. Au-delà des corrections de base, pensez à fournir des commentaires via les canaux officiels ou les forums en ligne. Cela aide les développeurs à améliorer constamment les capacités du R1.

15. **Rafraîchir la mémoire**: Pour réinitialiser la mémoire du Rabbit R1 et effacer les discussions précédentes, appuyez simplement cinq fois (5X) sur le bouton latéral lorsque vous êtes sur la page d'accueil. Cette astuce est cruciale lors du lancement d'une nouvelle session d'invites, garantissant que les réponses sont basées sur une table rase sans aucune interférence des interactions précédentes.

En maîtrisant ces astuces et techniques de communication intelligentes, vous libérerez tout le potentiel du Rabbit R1 et le transformerez en votre compagnon IA incontournable pour conquérir vos tâches quotidiennes.

Comprendre le modèle d'action à grande échelle (LAM)

Le Large Action Model (LAM) du Rabbit R1 constitue une innovation clé, facilitant des interactions transparentes avec les applications. S'inspirant des LLM (Large Language Models) existants, LAM établit des liens associatifs entre les éléments de l'interface, capturant l'essence des applications. Cette méthodologie d'interprétation s'écarte des modèles d'AI traditionnels uniquement axés sur le code des applications.

LAM exploite de nombreux ensembles de données compilés par l'équipe Rabbit, détaillant les interactions humaines avec les interfaces. En tirant parti de ces exemples, LAM évite la nécessité d'apprendre les flux de travail à partir de zéro, accélérant l'alignement avec les utilisateurs en exploitant l'intelligence collective.

En donnant la priorité à la perspective humaine plutôt qu'à la simple programmation logicielle, LAM décode les demandes avec flexibilité et navigue de manière adaptative dans les nouveaux scénarios. Il propose même des commentaires à affiner, comblant ainsi le fossé existant entre les utilisateurs et les systèmes pour faciliter une collaboration sans effort.

La conversion d'expressions en langage naturel en séquences exécutables nécessite une compréhension approfondie du contexte et de l'intention. Que la tâche soit aussi simple que acheter des billets de cinéma ou aussi complexe que planifier un week-end d'anniversaire, le Rabbit R1 analyse avec précision les détails, gracieuseté de LAM.

Alimenté par une architecture de réseau neuronal optimisée pour l'inférence en plusieurs étapes, LAM fait référence à des indices contextuels pertinents pour distiller l'essence de la parole, en orchestrant les actions dans les applications impliquées de manière transparente tout en fournissant des mises à jour en temps réel aux utilisateurs.

Grâce au LAM exploitant des techniques d'AI telles que l'apprentissage par renforcement et les réseaux basés sur des transformateurs, le Rabbit R1 affine continuellement son adaptation aux nuances linguistiques. Les mesures de performance actuelles identifient les domaines nécessitant davantage de données de formation, améliorant la compréhension et augmentant le débit de la parole à l'action à mesure que son vocabulaire et son expertise situationnelle se développent. Cette fusion d'AI avancée et de modèles de comportement humain réels permet un contrôle vocal sans effort sur les applications.

Chapitre 5

Le menu Paramètres

Votre Rabbit R1 possède bien plus qu'un simple extérieur ludique. Il dispose d'un menu de paramètres pour affiner votre expérience avec l'appareil. Pour accéder à la page des paramètres, secouez simplement doucement l'appareil. Allons-y et explorons chaque option dans le menu des paramètres :

- **Luminosité** : Vous pouvez personnaliser la luminosité de l'écran de l'appareil R1 en fonction de vos préférences pour une visualisation optimale dans toutes les conditions d'éclairage. Pour régler la luminosité, assurez-vous que l'indicateur est sur l'option de luminosité, puis appuyez sur le bouton latéral pour accéder à l'interface de luminosité. Une fois là-bas, maintenez le bouton latéral enfoncé et utilisez la molette de défilement pour régler le niveau de luminosité à votre guise. Lorsque vous avez terminé, relâchez le bouton et secouez l'appareil pour revenir au menu des paramètres.

- **Volume**: Cette fonction vous permet d'ajuster l'intensité des sons de la voix, des médias et du système, vous permettant ainsi d'ajuster finement la sortie audio du R1 pour des réponses et des mélodies cristallines. Pour configurer cela, ouvrez le volume à l'aide du bouton latéral, puis utilisez la molette de défilement pour sélectionner Voix, Média ou Son système. Appuyez sur le bouton latéral pour confirmer votre sélection, puis appuyez et maintenez le bouton latéral tout en utilisant la molette de défilement pour régler le volume selon vos préférences, qu'il soit élevé ou faible. Relâchez le bouton latéral pour revenir à l'interface précédente. Secouez l'appareil pour revenir au menu des paramètres.

- **Bluetooth**: Le R1 n'est pas seulement un gadget autonome. Sa capacité Bluetooth vous permet de le coupler sans effort avec votre smartphone ou d'autres appareils sans fil, garantissant un échange transparent d'informations et de divertissement. Pour connecter d'autres appareils à votre R1, accédez simplement à l'option Bluetooth à l'aide du bouton latéral. Assurez-vous que le Bluetooth de votre appareil est activé. Vous pouvez ensuite rechercher des appareils à proximité avec Bluetooth activé. Utilisez la molette de défilement pour sélectionner l'appareil souhaité si plusieurs appareils sont détectés. Appuyez sur le bouton latéral pour établir une connexion. Secouez l'appareil pour revenir au menu des paramètres une fois l'appairage terminé.

- **Réseau**: Rester connecté est primordial. Les paramètres réseau vous permettent de connecter le R1 aux points d'accès Wi-Fi ou aux réseaux cellulaires disponibles si vous utilisez une carte SIM, garantissant ainsi une intégration transparente. Sans connexion Internet, le R1 ne peut pas remplir sa fonction. Pour configurer cela, accédez à l'option réseau et utilisez la molette de défilement pour choisir un réseau cellulaire ou un réseau Wi-Fi si plusieurs options sont disponibles. Après avoir sélectionné le réseau souhaité, faites pivoter votre appareil pour activer le clavier (en vous assurant que le côté avec la molette de défilement est orienté vers le bas). Entrez le mot de passe correct pour le Wi-Fi choisi et appuyez sur le bouton latéral pour vous connecter. Une fois la connexion réussie, secouez votre appareil pour revenir au menu des paramètres.

- **Sécurité**: Tout comme les autres appareils numériques populaires, votre R1 mérite d'être sécurisé. Les paramètres de sécurité offrent des options pour gérer les mots de passe et contrôler l'accès à d'autres fonctionnalités spécifiques, protégeant ainsi vos informations personnelles.

- **Éteindre**: Même les lapins ont besoin de repos! La puissance du réglage vous permet d'éteindre complètement le R1 lorsque vous avez fini de l'utiliser. Cela préserve la durée de vie de la batterie et vous offre une désintoxication numérique en cas de besoin.

- **Activer le terminal**: L'activation de cette option est cruciale pour débloquer de nombreuses fonctions sur le Rabbit R1. Par exemple, le clavier n'apparaîtra que si cette option est activée. Pour l'activer, accédez-y avec la molette de défilement dans le menu des paramètres et appuyez simplement sur le bouton latéral. Si la barre indicatrice devient orange, l'option est active; sinon, c'est éteint.

- **À propos**: Curieux de connaître le fonctionnement interne de votre R1 et l'équipe qui se cache derrière? La section À propos offre des informations de base sur la version du logiciel et les spécifications matérielles. Pensez-y comme à jeter un coup d'œil sous le capot pour voir ce qui motive votre compagnon IA.

- **Conformité et clause de non-responsabilité**: Ces sections gèrent les aspects juridiques. Ils affichent les règles et les limitations entourant le fonctionnement du R1, semblables aux petits caractères d'un manuel d'utilisation. Ce n'est pas la lecture la plus passionnante, mais elle est importante pour garantir une utilisation responsable de votre appareil.

Gardez à l'esprit qu'il ne s'agit que de la phase initiale du dispositif R1. À mesure que le R1 continue d'évoluer, des fonctionnalités supplémentaires peuvent être intégrées au menu des paramètres, offrant ainsi de nouvelles possibilités pour personnaliser votre expérience. Par conséquent, pour l'instant, profitez-en pour explorer, expérimenter et transformer votre Rabbit R1 en quelque chose de vraiment unique.

Le menu Paramètres

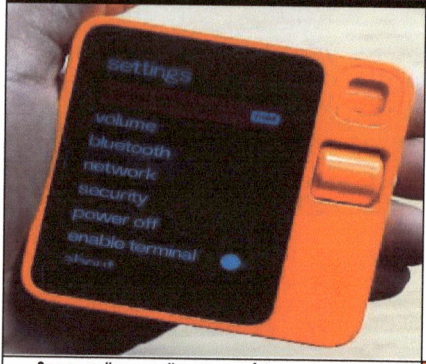

Secouez l'appareil pour accéder au menu des paramètres.

Maintenez le bouton latéral enfoncé et utilisez la molette de défilement pour régler la luminosité.

Ici, vous pouvez définir le volume de la voix, des médias et du système.

Réglez le volume de la même manière que vous réglez la luminosité.

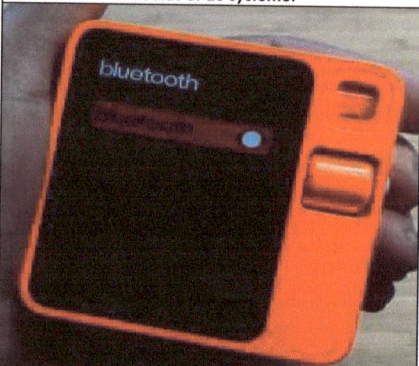

Allumez votre Bluetooth et connectez-vous à d'autres appareils Bluetooth disponibles.

Choisissez un réseau cellulaire ou Wi-Fi auquel vous connecter

Chapitre 6

Confidentialité et sécurité du Rabbit R1

À mesure que les assistants numériques et les appareils domestiques intelligents dotés de microphones permanents deviennent omniprésents, les problèmes de confidentialité augmentent quant à la quantité de données capturées sans le consentement de l'utilisateur. Les conversations et comportements sensibles codés dans les enregistrements audio finissent trop souvent par alimenter des analyses axées sur le profit plutôt que de répondre aux besoins des utilisateurs.

Tirant les leçons de ces faux pas, Rabbit a délibérément conçu le Rabbit R1 pour qu'il n'écoute que lorsqu'il y est explicitement invité. Son bouton push-to-talk monté sur le côté active le microphone manuellement, garantissant que les données audio ne sont collectées que lors d'un engagement intentionnel. Ce mécanisme tactile permet aux utilisateurs de contrôler le moment où l'interaction se produit.

Comme un talkie-walkie, le Rabbit R1 maintient le silence jusqu'à ce que l'utilisateur appuie sur le bouton et parle. Le relâcher arrête instantanément l'enregistrement. Ce mode simple d'interaction intentionnelle renforce la confidentialité et la transparence des utilisateurs au niveau matériel sans compromettre l'utilité.

Le rôle du microphone

La suite audio du microphone du R1 joue un rôle central dans la transition entre les mondes physique et numérique. Composé d'un réseau de 5 microphones avec suppression du bruit et formation de faisceau pour une directivité ultra précise, il capte clairement les voix dans un rayon de 18 pieds tout en supprimant les sons ambiants.

Cette concentration étroite permet une transcription précise même dans des environnements surpeuplés. L'annulation d'écho multicanal affine encore la qualité d'entrée pour une reconnaissance vocale impeccable. Le silicium dédié sur l'appareil accélère le traitement audio pour minimiser la latence.

Lorsqu'il n'est pas activé manuellement, aucun son n'est diffusé depuis l'appareil, quels que soient les sons environnants. Au niveau du circuit, les micros restent éteints pour éliminer toute possibilité d'écoute involontaire. Les utilisateurs bénéficient ainsi à la fois d'expériences interactives améliorées et d'une confidentialité totale.

L'engagement de Rabbit en matière de confidentialité dans la conception des infrastructures

La confidentialité de bout en bout imprègne également l'infrastructure de Rabbit R1. Rabbit évite de suivre les utilisateurs à travers les applications pour informer les publicités ou générer des rapports de profil utilisateur. Le R1 utilise exclusivement les données de première partie proposées de manière consensuelle pour fournir les services demandés.

Du côté du pipeline de données, les entrées audio sont instantanément transcrites puis supprimées après le traitement plutôt que stockées à long terme. Seuls les journaux d'interaction essentiels à l'amélioration des capacités du système sont enregistrés. Ces journaux excluent tous les détails d'identification de l'utilisateur, en utilisant des identifiants anonymes pour analyser les modèles d'utilisation agrégés.

Lors de l'accès aux applications tierces disponibles, le R1 demande aux utilisateurs de se connecter et de se connecter via le portail Rabbithole au lieu d'extraire les informations d'identification en externe. Cela respecte les meilleures pratiques de sécurité en matière d'authentification. Après la connexion, les autorisations restent limitées à l'achèvement momentané des tâches en fonction de l'accès délégué fourni par les utilisateurs pendant les flux d'autorisation.

Authentification et sécurité des utilisateurs

Pour respecter des normes de confidentialité strictes, le R1 utilise une authentification multifacteur lors de la liaison des comptes d'utilisateurs. Cela empêche tout accès non autorisé même si les mots de passe sont compromis en externe. Dans les mises à niveau ultérieures, une vérification en deux étapes devrait avoir lieu sur les applications associées avec des cas d'utilisation très sensibles.

Les informations de connexion ne sont jamais transmises ou conservées par les serveurs de Rabbit, cette approche augmente la sécurité des mots de passe avec moins de risques. Combiné à des audits de sécurité réguliers effectués par Rabbit's Team, le R1 offre une protection infaillible contre les attaques de logiciels malveillants sur les informations stockées ou l'activité des utilisateurs.

Limites du compagnon AI Rabbit R1

Alors que le Rabbit R1 brille en tant que compagnon convivial de l'AI, comprendre ses limites vous permet d'optimiser votre expérience. Voici un aperçu de ses lacunes:

1. Courbe d'apprentissage pour les nouveaux utilisateurs: Bien que conçu pour la convivialité, il existe une légère courbe d'apprentissage, en particulier pour les novices en IA. Soyez prêt à passer du temps à comprendre les caractéristiques et capacités uniques du R1 en parcourant ce manuel.

2. Horizons matériels: Bien que puissant, le R1 ne possède pas l'efficacité de traitement de certains smartphones et ordinateurs de pointe. Cela pourrait entraver sa capacité à gérer des tâches lourdes ou à jongler avec plusieurs demandes exigeantes à une vitesse fulgurante. De plus, le Rabbit R1 n'est livré avec aucun câble, chargeur ou oreillette, vous devrez les fournir vous-même.

3. Alliances d'applications: La capacité du R1 à communiquer avec d'autres applications dépend de leurs capacités d'intégration. Pour l'instant, seules les applications présentes sur la plateforme Rabbithole peuvent être connectées et utilisées avec l'appareil R1. Nous espérons que d'autres mises à jour rendront l'intégration des applications plus flexible.

4. Autonomie de la batterie: Bien que Rabbit promette une aventure d'une journée entière, votre kilométrage peut varier en fonction de l'intensité avec laquelle vous engagez votre compagnon IA. Les utilisateurs expérimentés devront peut-être recharger plus fréquemment.

5. Dépendance à Internet: Les ailes du R1 sont coupées sans connexion Internet solide et stable. Si vous rencontrez des problèmes de connectivité fréquents ou des trous noirs sur Internet, ses performances pourraient chuter.

6. Frontières physiques: La forme compacte et la taille de l'écran du R1 limitent ses prouesses pour les tâches nécessitant une interaction physique étendue ou de grands affichages visuels. Pensez à des projets délicats comme l'analyse de données ou des marathons cinématographiques, et vous aurez une idée.

7. Confidentialité et sécurité: Comme tout appareil chargé de votre vie numérique, le R1 ouvre la porte à des problèmes potentiels de confidentialité et de sécurité, bien que minimes. Assurez-vous de faire confiance aux défenses de Rabbit R1 et d'être à l'aise pour effectuer des mises à jour dès leur publication.

Les limitations décrites ci-dessus ne visent pas à vous décourager; ils visent plutôt à vous donner une plus grande conscience et une plus grande appréciation de la navigation sur la R1. Concentrez-vous sur ses atouts et libérez tout le potentiel de votre sympathique compagnon IA.

Chapitre 7

101 choses que votre Rabbit R1 peut faire
(Invites vocales intelligentes incluses)

Voici une liste étendue de 101 choses à faire avec le Rabbit R1, en tenant compte à la fois de ses fonctionnalités intégrées et des intégrations potentielles de l'application Rabbithole:

Fonctionnalités de base:

- **<u>Vérifiez la météo</u>**

  Rapide: Quel temps fait-il aujourd'hui?

- **<u>Obtenez des faits aléatoires</u>**

  Rapide: Quel a été le premier modèle d'avion commercial à exister?

- **<u>Lire les nouvelles</u>**

  Rapide: Pouvez-vous lire les gros titres de l'actualité d'aujourd'hui?

- **Jouer de la musique**

  Rapide: Jouez-moi [titre de la chanson] de [nom de l'artiste ou du groupe]
  Note: (pour que cette invite fonctionne, votre compte Spotify doit être connecté au portail Rabbithole)

- **Faire des calculs**

  Rapide: Combien font 21 + 27 x 45?

- **Composer un message d'anniversaire**

  Rapide: L'anniversaire de ma mère est aujourd'hui, aidez-moi à composer un message parfait pour elle

  Note: (Utilisez le clavier pour cette requête afin de pouvoir facilement copier le message une fois la génération terminée)

- **Rechercher des définitions**

  Rapide: Quelle est la signification du dictionnaire de [insérer un mot anglais]?

- **Convertir des unités (par exemple, température, devise)**
  Rapide: Qu'est-ce que [insérer la devise ou les unités] une fois converti en [insérer la devise ou les unités]?

- **Jouez à un jeu-questionnaire simple**

  Rapide: Jouons à un jeu-questionnaire, posez-moi n'importe quelle question et je vous donnerai une réponse

  Votre réponse: Ma réponse est [dites votre réponse]. Ai-je raison? Si je me trompe, donnez-moi la bonne réponse et posez-moi une autre question.

  Appuyez 5 fois sur le bouton latéral pour rafraîchir la mémoire de l'assistant lorsque vous avez fini de jouer au jeu-questionnaire.

- **Utilisez le R1 pour lire un morceau de texte**

  Cliquez deux fois sur le bouton latéral pour activer la caméra. Placez la caméra devant le texte souhaité (assurez-vous que les visuels sont suffisamment clairs pour que l'appareil puisse les analyser).

  Passez à l'invite ci-dessous.
  Rapide: Lisez le texte de cette image

- **Créez des listes de courses ou générez une recette**

  Rapide: Je veux faire [insérer le nom du plat], aidez-moi avec une recette adaptée à une famille de 3 personnes

- **<u>Générer des idées</u>**

  Rapide: Quelle est la meilleure façon de [insérer ce pour quoi vous avez besoin d'aide]?

Idées de divertissement:

- **<u>Revoir des films avec l'AI Rabbit</u>**

  Rapide: Dites-moi tout ce que j'ai besoin de savoir sur le film de Jim Carrey de 1994 intitulé The Mask

- **<u>Demandez-lui de vous raconter des blagues</u>**

  Rapide: Racontez-moi une blague très drôle sur [ajouter n'importe quel sujet]

- **<u>Identifiez la musique qui joue autour de vous</u>**

  Avec une musique forte en arrière-plan, maintenez le bouton latéral enfoncé et utilisez l'invite ci-dessous:

  Rapide: Quel est le titre de la chanson jouée en arrière-plan? (Laissez-le écouter un instant avant de relâcher le bouton latéral).

- **Dites-lui d'analyser une émission de télévision**

  Rapide: Quelle est l'intrigue de la sitcom de 1994 intitulée Friends?

- **Trouver des centres récréatifs à proximité**

  Rapide: J'habite à Austin, au Texas, et je souhaite fêter l'anniversaire de mon enfant de 5 ans. Pouvez-vous me dire les endroits où je peux l'emmener pour s'amuser le plus?

- **Diffusez des podcasts**

  Note: Assurez-vous que votre R1 est connecté à Spotify sur le portail Rabbithole avant d'essayer cette invite.

  Rapide: Joue-moi l'expert en fauteuil

  Podcast épisode 3

- **Apprenez des faits aléatoires**

  Rapide: Dites-moi un fait aléatoire mais intéressant sur [ajouter n'importe quel sujet]

- **Générer des histoires**

  Rapide: Racontez-moi une histoire courte et intéressante au sujet de [ajouter n'importe quel sujet]

- **<u>Apprenez un nouveau mot</u>**

  Rapide: Quels autres mots puis-je utiliser à la place de [ajouter un mot anglais]?

- **<u>Planifiez une fête</u>**

  Rapide: Je veux organiser une fête pour mes camarades de fac, pouvez-vous me donner des idées sur la façon d'en faire un succès?

Invites d'apprentissage et de productivité:

- **<u>Demandez-lui d'expliquer des concepts scientifiques</u>**

  Rapide: Expliquez le terme scientifique [terme scientifique] d'une manière qu'un enfant de 5 ans puisse comprendre

- **<u>Traduction multidirectionnelle</u>**

  Rapide: Traduire de l'anglais vers le français

  Le R1 activera le traducteur et vous pourrez commencer à parler dans la langue sélectionnée pour qu'il traduise ce que vous avez dit.

Lorsque vous avez fini de parler, relâchez le bouton latéral et l'assistant R1 vous fournira une traduction parfaite de ce que vous avez dit.

Il peut détecter quand vous parlez la deuxième langue et vous donnera une traduction en anglais dès que vous aurez fini de parler.

Réinitialisez l'appareil R1 en appuyant cinq fois sur le bouton latéral lorsque vous avez fini d'utiliser le service de traduction.

- ### En savoir plus sur les événements de l'histoire

  Rapide: Qui était le 30e président américain et combien de temps a duré son règne?

- ### Utilisez-le comme instructeur de gym

  Rapide: Donnez-moi des exemples d'exercices que je peux faire chaque matin pour développer mon [nom de la partie de votre corps que vous aimeriez développer]

- ### Détecter les espèces végétales

  Cette invite implique l'utilisation de la caméra de vision, donc avant de commencer, assurez-vous que votre caméra est active et pointée vers la plante.

  Rapide: Quel est le nom de cette plante et d'où vient-elle?

- **Obtenez un résumé rapide d'un événement sportif**

  Rapide: Donnez-moi un bref résumé des finales du simple messieurs de Wimbledon en 2019

- **Utilisez-le pour étudier**

  Rapide: Recommandez 5 livres financiers qui peuvent m'apprendre l'argent et l'investissement

- **Traduire des menus de restaurant ou des panneaux de signalisation en voyage**

  Pour effectuer ces tâches, vous pouvez soit utiliser la commande vocale, le clavier ou la caméra de vision (notamment pour la lecture des panneaux de signalisation)

  Rapide: Quels sont les ingrédients utilisés dans la fabrication des sushis?

  (Pointez la caméra R1 vers le panneau de signalisation et utilisez l'invite ci-dessous)

  Rapide: Dis-moi ce que signifie ce panneau de signalisation

- **Recherchez des projets de bricolage ou des réparations simples**

  Rapide: Apprends-moi à planter des tomates dans mon jardin ou Apprends-moi à réparer un tuyau qui fuit

- **Créer un budget**

  Rapide: Je vis à New York et je gagne 1 000$ chaque semaine. Donnez-moi un budget qui peut m'aider à économiser 50$ chaque semaine sur les 1 000$

Information et communication:

- **Obtenez des cotations boursières et des mises à jour sur l'actualité financière**

  Rapide: Quel est le cours actuel de l'action de [nom de la société]?

  Donnez-moi les dernières nouvelles financières.

- **Consultez les résultats sportifs et les horaires**

  Rapide: Quel est le score actuel du match de football entre [Entrez les noms des deux équipes]?

- **Rechercher des informations sur les vols et des itinéraires de voyage**

  Rapide: Dites-moi s'il y a des retards pour les vols arrivant à [code de l'aéroport] aujourd'hui.

Existe-t-il une option de vol moins chère disponible pour mon voyage vers [ville de destination] le [date]?

- **Trouver des options ou des itinéraires de transport en commun**

  Rapide: À quelle heure le prochain bus arrive-t-il à [nom de l'arrêt de bus]?

  Montrez-moi les horaires des trains pour arriver à [gare de destination].

- **Recherchez les événements à venir dans votre région**

  Rapide: Y a-t-il des événements [type d'événement] qui auront lieu dans [votre ville] le mois prochain? (par exemple, expositions d'art, spectacles d'humour, événements sportifs)

- **Rechercher des critiques musicales ou des notes de restaurants**

  Rapide: Montrez-moi quelques critiques de [nom de la chanson] de [nom de l'artiste].

  Quelles sont les critiques concernant [nom du restaurant] et proposent-ils des options végétariennes?

- **<u>Trouver des instructions de cuisson</u>**

  Rapide: Montrez-moi une recette de [nom du plat] avec des instructions étape par étape.

- **<u>Utilisez-le comme thésaurus</u>**

  Rapide: Montrez-moi comment le mot [mot] est utilisé dans une phrase.

- **<u>Vérifier les retards de vol</u>**

  Rapide: Si vous avez votre numéro de confirmation à portée de main, vous pouvez essayer cette invite.

  Mon voyage avec le numéro de confirmation [numéro de confirmation] est-il retardé?

- **<u>Trouvez des centres de santé près de chez vous</u>**

  Rapide: Recherchez [type de centre de santé] près de chez moi. Il peut s'agir d'une clinique pédiatrique, d'une clinique de santé pour femmes, etc.

Photographie et créativité:

- **<u>Apprenez à prendre de bonnes photos la nuit</u>**

  Rapide: Pouvez-vous expliquer comment prendre des photos à longue exposition la nuit?

- **<u>Apprenez des techniques photo intéressantes</u>**

  Rapide: Apprenez-moi les perspectives en photographie

- **<u>Créez un logo de produit avec Midjourney</u>**

  Rapide: Générer un logo professionnel pour un produit appelé [nom du produit] qui utilise un [symbole/forme] comme élément principal

  <u>Note:</u> *Pour que cette invite fonctionne, vous devez connecter votre compte Midjourney au portail Rabbithole.*

- **<u>Obtenez une description professionnelle d'une image</u>**

  Tout d'abord, activez la caméra en cliquant deux fois sur le bouton latéral. Dirigez-le ensuite vers une photo ou une affiche de rue, puis maintenez le bouton latéral enfoncé tout en utilisant l'invite ci-dessous:

Rapide: Agissez comme un photographe professionnel avec de nombreuses années d'expérience, donnez-moi une description détaillée de cette image

- **Réciter un poème**

  Rapide: Récitez un poème sur [ajoutez le thème du poème que vous souhaitez qu'il récite]

- **Générez des idées puissantes pour un livre d'histoires**

  Rapide: Donnez-moi une idée de livre d'histoires qui conviendra aux enfants âgés de [catégorie d'âge]

- **Découvrez les paroles des chansons**

  Rapide: Lisez les paroles d'une chanson intitulée [ajouter le titre] par [nom de l'artiste].

- **Analyser les produits au supermarché**

  Activez et pointez l'appareil photo vers la description située à l'arrière du produit, puis utilisez cette invite.

  Rapide: D'après la description de ce produit, est-il bon pour les enfants entre [tranche d'âge]?

- **Testez sa précision de vision**

  Après avoir activé la caméra, pointez-la vers un objet mais ne lui demandez pas ce qu'est l'objet, demandez-lui s'il s'agit d'un autre objet que ce qu'il était à l'origine.

Rapide: Est-ce une orange? (Pointez la caméra vers un ballon de football. Essayez-le avec de nombreux autres objets pour savoir combien de fois il échouera au test)

- **<u>Utilisez-le pour pratiquer le chant</u>**

  Rapide: [chanter une partie d'une chanson] Ai-je chanté la chanson correctement? C'est une chanson intitulée [titre de la chanson] par [nom de l'artiste]

Utilisations avancées:

- **<u>Convertissez un tableau manuscrit en CSV et recevez-le par courrier</u>**

  Cette tâche n'est pas fastidieuse, tout ce que vous avez à faire est d'activer la caméra, de dessiner un tableau avec plusieurs lignes et colonnes et de le remplir de données ou vous pouvez également pointer la caméra vers un tableau existant, puis utiliser l'invite ci-dessous:

  Rapide: Il s'agit d'une feuille de calcul avec des informations importantes, ajoutez une nouvelle ligne dans la première colonne et ajoutez-y le mot [ajouter n'importe quel mot], et envoyez-la à mon courrier sous forme de fichier CSV

(Vous recevrez le mail avec votre pièce jointe en moins de 10 secondes)

- ## Enregistrer une réunion ou un séminaire

  Rapide: Démarrez l'enregistreur vocal

  Note*: Faites défiler la molette vers le bas et appuyez sur le bouton latéral pour arrêter d'utiliser l'enregistreur. Vous pouvez prévisualiser votre audio enregistré sur le portail Rabbithole avec un résumé écrit de l'enregistrement que vous pouvez modifier en fonction de vos besoins spécifiques.*

- ## Avoir une conversation sérieuse

  Rapide: Agissez comme un thérapeute professionnel et dites-moi les raisons possibles pour lesquelles je me mets toujours en colère

  Poursuivez la conversation jusqu'à ce que l'assistant Lapin réponde à toutes vos questions concernant ce sujet.

- ## Commandez un Uber

  Note: Pour que cette invite fonctionne, votre compte Uber doit être connecté au portail Rabbithole.

Rapide: Pouvez-vous m'apporter un Uber à [nom de l'emplacement]

L'appareil vous demandera de confirmer le ramassage en choisissant Travail ou Domicile (appuyez et maintenez le bouton latéral pour faire votre choix).

Faites défiler jusqu'à Continuer et cliquez dessus.

Confirmer le dépôt à la maison ou au travail

Choisissez une option entre les trois [Uber X, Uber XL ou Uber Black]

Saisissez votre code PIN à l'aide de la molette de défilement et du bouton latéral et confirmez la commande.

- **Commander de la nourriture**

Pour exécuter cette tâche, votre compte Doordash doit être connecté au portail Rabbithole.

Rapide: Commandez de la nourriture sur Doordash ou Je veux commander de la nourriture

L'assistant lapin ouvrira l'application pour que vous puissiez voir quels aliments sont disponibles.

Utilisez la molette de défilement pour consulter le menu et utilisez le bouton latéral pour sélectionner le repas que vous aimez.

Lorsque vous avez terminé votre sélection, faites défiler vers le bas et cliquez sur l'option Panier à l'aide du bouton latéral.

Il ouvrira le panier pour vous, affichant tout ce que vous venez de commander. Cliquez sur la caisse.

La caisse calculera et affichera votre facture. Cliquez sur le bouton latéral pour payer. Il vous sera demandé de saisir votre mot de passe à l'aide de la molette de défilement et du bouton latéral. Il exécutera la commande si vous saisissez le bon code.

- **Interpréter un texte complexe**

  Cette tâche implique l'utilisation d'une caméra de vision. Une fois la caméra pointée vers le document, utilisez l'invite ci-dessous:

  Rapide: Il s'agit d'un document de mon propriétaire, dites-moi le message exact que le document tente de transmettre

- **Rappelez-vous une chanson**

  Rapide: Je ne me souviens pas d'une chanson mais elle a les paroles [dites les paroles dont vous vous souvenez]

- **Expliquer les données brutes**

  <u>Note</u>: Cette tâche implique l'utilisation de la caméra lapin r1. Pointez la caméra sur une horloge murale et utilisez cette invite:

  Rapide: Dis-moi quelle heure il est en regardant l'horloge murale

- **Lire un graphique**

  <u>Note</u>: Cette tâche implique l'utilisation de la caméra. Pointez la caméra sur une feuille ou un écran contenant un graphique clair et utilisez l'invite ci-dessous:

  Rapide: Expliquez ce graphique comme un statisticien professionnel, rendez l'explication suffisamment simple pour que tout le monde puisse la comprendre

- **Posez des questions composées**

  Vous pouvez soit utiliser la caméra pour cette invite, soit simplement utiliser uniquement la commande vocale.

  Rapide: Quelle est cette espèce végétale et comment puis-je en prendre soin correctement? ou Entre la guitare acoustique et la guitare électronique, laquelle est la plus adaptée à un débutant?

Utilisations non conventionnelles:

- **<u>Utilisez-le pour étudier les formations nuageuses</u>**
  Allumez votre appareil photo et pointez-le vers les nuages.
  Rapide: Quel est le nom de cette formation nuageuse?

- **<u>Défiez l'AI du Lapin dans une bataille de rap</u>**

  Rapide: Essayez de rapper mieux que moi, voici mon couplet [commencer à rapper]

- **<u>Enregistrez les sons des animaux et des objets, puis demandez au R1 de les identifier</u>**

  Utilisez votre téléphone pour diffuser le son que vous venez d'enregistrer après avoir demandé à votre lapin r1 d'identifier l'animal ou l'objet par le son.

  Rapide: Quel objet ou animal fait ce son?

- **<u>Écrire un essai</u>**

  Rapide: Écrivez-moi un essai sur [dites à l'appareil de quoi devrait parler l'essai]

  <u>Note:</u> *Immédiatement, vous avez fini de parler, tournez simplement l'appareil pour afficher le clavier en suivant l'étape que je vous ai montrée* *plus tôt et votre essai apparaîtra sous forme écrite même si l'appareil Rabbit R1 continuera à parler tout en écrivant.*

Loisirs:

- **<u>Obtenez des recommandations de livres sur des sujets spécifiques</u>**
  Rapide: Suggérez des livres appropriés à lire si je souhaite en savoir plus sur [dites le sujet]

- **<u>Obtenez des informations sur les sentiers de randonnée de votre région</u>**
  Rapide: Je souhaite faire une promenade rafraîchissante, merci de me suggérer de jolis sentiers de randonnée à proximité de chez moi

- **<u>Apprendre à jouer d'un instrument</u>**
  Rapide: Apprends-moi à jouer d'un [dites le nom d'un instrument de musique]

- **<u>Apprenez à cuisiner</u>**
  Rapide: Apprends-moi à cuisiner [nomme ce que tu veux cuire]

- **<u>Générer des images de poses de yoga</u>**
  Rapide: Générer une image d'une pose de yoga populaire

Note: Pour que cette invite fonctionne, votre compte Midjourney doit être connecté à votre portail Rabbithole.

- **Apprenez de nouvelles choses sur votre ville**
  Rapide: Je réside actuellement à [nom de la ville et du pays situés]. Pouvez-vous me raconter un bref historique de cette ville?

Exploration des connaissances:

- **Résumer un document de recherche complexe**
  Note: *Utilisez votre appareil photo pour exécuter cette tâche.*

  Rapide: Lisez ce document de recherche et donnez-moi les principaux points à retenir

- **Obtenez des routines d'entraînement personnalisées**
  Rapide: Je suis un [indiquez votre âge] [indiquez votre sexe] et un [indiquez votre profession], donnez-moi une routine d'entraînement qui me conviendra

- **<u>Découvrez l'AI et les innovations technologiques modernes</u>**
  Rapide: Je souhaite en savoir plus sur l'AI et les innovations technologiques modernes, et veuillez recommander des personnes que je peux suivre sur les réseaux sociaux et auprès desquelles je peux apprendre?

- **<u>Apprenez des faits scientifiques sur votre corps</u>**
  Rapide: J'ai [indiquez votre âge] ans [indiquez votre sexe] et j'aimerais en savoir plus sur mon corps à cet âge

- **<u>Explorez des périodes historiques ou des découvertes scientifiques</u>**
  Rapide: Dites-moi deux choses qui ont été découvertes au XXe siècle ou Dites-moi trois choses importantes qui se sont produites à l'époque égyptienne

Enfants et famille:

- **<u>Idées d'histoires au coucher</u>**
  Rapide: Mon fils de trois ans veut que je lui raconte une histoire avant d'aller au lit, pouvez-vous me donner une idée d'histoire courte

- **Jouer des berceuses**
  Rapide: Il fait déjà nuit et ma fille de deux ans n'arrête pas de pleurer, s'il te plaît, joue-lui une berceuse pour qu'elle puisse s'endormir

- Générez une liste de tâches chaque matin
  Rapide: C'est un nouveau jour et j'aimerais créer une liste de choses à faire pour les tâches suivantes [tâche 1] [tâche 2] [tâche 3] [tâche 4], j'aimerais en finir avec toutes les tâches avant [ajouter une heure]

- **Planifiez un séjour de camping en famille**
  Rapide: Y a-t-il un terrain de camping familial dans [État/région qui vous intéresse]?

  Invite suivante: Suggérez des activités de plein air amusantes pour les familles en camping et des recettes de feu de camp parfaites pour les familles

  Ensemble d'invites suivant: Affichez une liste de contrôle de camping pour une famille de [nombre] personnes.

  Quelles sont les choses essentielles à emporter pour un voyage de camping confortable?

  Suggérez une liste de vêtements à emporter pour un voyage de camping en [Saison].

- **Générez un plan de repas hebdomadaire sain**
  Rapide: Je cuisine pour une famille de [nombre], gentiment, générez un plan de repas d'une semaine qui me facilitera la tâche

Organisation:

- **Utilisez-le pour désencombrer**
  Rapide: Donnez-moi des conseils de professionnels pour libérer de l'espace dans ma cuisine

- **Créer un itinéraire d'une journée**
  Rapide: Je n'irai pas travailler aujourd'hui, créez un itinéraire qui m'aidera à profiter de ma journée

- **Acquérir la maîtrise financière**
  Rapide: Je gagne actuellement [écrire le montant], je suggère des moyens d'ajuster mes dépenses pour respecter mon budget

- **Utilisez-le pour le brainstorming**
  Rapide: Parlez-moi des nombreuses techniques de brainstorming que vous connaissez et recommandez-moi les meilleures pour un groupe de trois fondateurs

- **Créez une liste de contrôle pour les tâches cruciales**
  Rapide: Quelles sont les choses les plus importantes que je ne devrais pas oublier lorsque j'exécute [une tâche]?

Utilisations amusantes:

- **Visites virtuelles**
  Rapide: Emmenez-moi dans une visite virtuelle à guidage vocal de [lieu]. Par exemple, des musées, des sites historiques ou même une école.

- **Voyance**
  Vous pouvez demander au Rabbit R1 de prédire des fortunes idiotes à l'aide de messages vocaux.
  Rapide: Est-ce que j'aurai des raisons de sourire aujourd'hui?

- **Composez une chanson drôle**
  Rapide: Je vais à la fête d'un ami et il va y avoir un concours de chant, peux-tu s'il te plaît m'apprendre une chanson amusante qui les fera rire?

- **Générez des surnoms idiots pour vos amis**
  Rapide: J'ai [ajouter le nombre d'amis] des amis proches à qui j'aimerais donner des surnoms amusants, pouvez-vous me faire des suggestions?

- **Générez ou recherchez des devis intelligents pour des circonstances spécifiques**
  Rapide: Générer/Rechercher une citation inspirante liée à [situation]. Discutez de la signification de la citation et de ses applications

Interaction sociale:

- **Apprenez à communiquer efficacement**
  Rapide: Je veux apprendre à communiquer efficacement, j'aimerais que vous me donniez des scénarios aléatoires et que vous me demandiez comment je communiquerais efficacement dans de telles situations. Si ma réponse n'est pas correcte, veuillez suggérer la meilleure réponse avant de me proposer le scénario suivant.

- **Générez des démarreurs de conversation intelligents**
  Rapide: Suggérez une question brise-glace amusante ou stimulante ou un démarreur de conversation lié à [sujet]

- **Lignes de ramassage intelligentes**
  Rapide: Suggérez une ligne de collecte intelligente qui puisse impressionner une fille que j'ai vue au club.

Note: Vous pouvez changer de lieu et de sexe pour obtenir des lignes de ramassage uniques et intéressantes.

- **<u>Générer des compléments</u>**
  Rapide: Pouvez-vous me donner un complément parfait pour [dire ce que vous voulez compléter]? Par exemple, cela peut être la tenue vestimentaire d'une personne, son talent, ses efforts, son honnêteté, etc.

Santé et remise en forme:

- **<u>Découvrez les repas sains pour votre tranche d'âge</u>**
  Rapide: Donnez-moi une liste de nutriments essentiels pour les personnes de leur tranche d'âge [votre tranche d'âge].

- **<u>Découvrez les communautés et événements de fitness dans votre ville</u>**
  Rapide: Pouvez-vous m'aider à rechercher des communautés de fitness ou des événements qui se dérouleront ce mois-ci dans ma ville?

- **<u>Apprendre des exercices de respiration</u>**
  Rapide: Apprenez-moi une technique de respiration populaire et efficace pour la relaxation et le soulagement du stress.

- **<u>Générer des affirmations positives</u>**
  Rapide: Donnez-moi des affirmations positives pour renforcer ma confiance en moi pour aujourd'hui.
  <u>Note:</u> Vous pouvez obtenir des affirmations positives sur des choses comme la gestion du stress, la réalisation d'objectifs, la paix intérieure, la force, etc.

Choses à faire avec votre appareil Rabbit R1

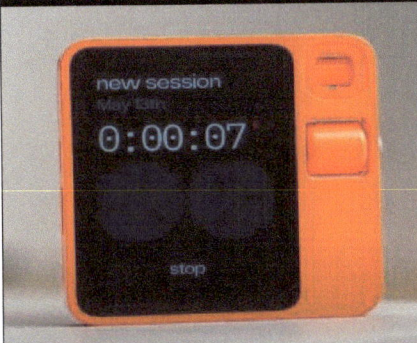

Enregistrer les réunions et les dialogues

Utilisez-le pour une traduction multidirectionnelle.

Demandez-lui comment jouer d'un instrument de musique spécifique.

Jouez votre musique préférée.

Commandez de la nourriture et des boissons.

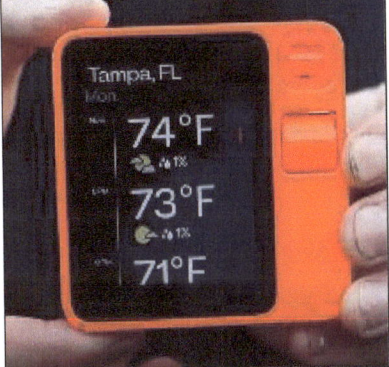

Lire la météo

Choses à faire avec votre appareil Rabbit R1

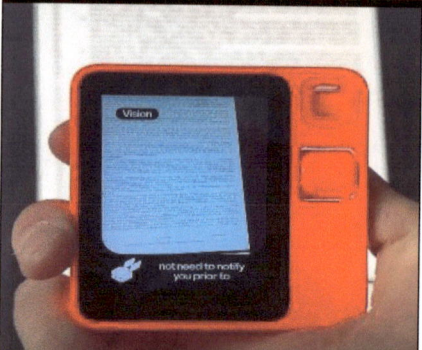

Lire et analyser un document.

Demandez-lui comment prendre soin d'une plante.

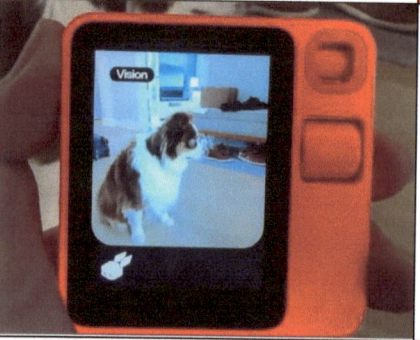

Identifiez les races de chiens et découvrez ce qu'ils aiment

Générer des images IA sur Midjourney

Commandez un Uber

Obtenez des données brutes de vos appareils électroniques

Avantages de planifier un voyage avec votre lapin R1

J'aimerais planifier un voyage d'une semaine à Londres en juin au départ de San Francisco. Trouvez-moi des vols, des hôtels et des activités à faire quand j'y serai.

Une invite comme celle-ci peut s'avérer utile. Exprimer à haute voix vos ambitions de voyage au Rabbit R1 déclenche une planification de vacances sans effort via une demande conversationnelle. Aucun site Web ou application taxant n'est nécessaire.

En une seule commande vocale succincte, les utilisateurs détaillent les contextes cruciaux: la destination, la durée, le lieu de départ et les éléments constitutifs de la réservation tels que l'hébergement et le billet d'avion. Le R1 analyse couramment ces clauses déclaratives, mappant les rôles sémantiques avant d'extraire les contraintes pertinentes pour la configuration du voyage; Période de juin, paramètres régionaux de Londres, durée de 7 nuits, etc.

Cette entrée de forme libre permet de créer un itinéraire efficace. Les utilisateurs peuvent facilement exprimer leurs désirs avec la précision qui leur convient, sans remplir de longs formulaires ni naviguer sur des sites Web compliqués. Rabbit OS se charge du gros du travail et planifie une expérience de voyage personnalisée.

La planification des vacances nécessite de jongler avec des options infinies en matière de vols, d'hébergement, d'attractions locales et de transports. Heureusement, le Rabbit R1 assimile ces détails variables en fonction des priorités de l'utilisateur: préférences budgétaires, style de voyage, taille du groupe, etc.

Cette planification automatisée par l'assistant lapin réduit la paralysie des choix. Les examens par les utilisateurs et les différences de coûts peuvent souvent faire perdre un temps précieux qui peut être consacré à une planification globale. Exposer votre personnalité à l'assistant Rabbit R1 vous aidera à obtenir des packages assortis et personnalisés reflétant le caractère unique.

En gérant la logistique du début à la fin après une simple demande initiale, le R1 offre satisfaction sans frais généraux. Les changements d'itinéraire et les flux de confirmation sont également gérés de manière proactive par l'assistant, laissant les clients libres de profiter d'une anticipation sans ennui administratif.

Chapitre 8

Prendre soin de votre R1: installation de la peau personnalisée et du verre de protection

Votre Rabbit R1 est un compagnon IA utile, vous gardant connecté et informé et vous rendant la vie un peu plus facile. Comme tout autre appareil mobile, vous voulez en prendre soin.

Voici quelques conseils pour garantir que votre Rabbit R1 reste en pleine forme.

Protéger votre R1 :

1. **Utilisez un boîtier approprié:** Un étui robuste agit comme une couche de sécurité supplémentaire, protégeant votre Rabbit R1 des chocs et des éraflures. Il garde votre appareil comme neuf et aide à prévenir tout dommage externe ou interne qui pourrait être causé par des chutes accidentelles.

2. **Protection d'écran:** Un protecteur d'écran est pratiquement le meilleur ami de l'écran de votre R1, car un écran rayé ou cassé affectera grandement la valeur et les performances de votre appareil Rabbit

R1. Pour un aspect lumineux et clair, assurez-vous d'acheter un protecteur d'écran de qualité pour votre appareil.

3. **Entretien de la batterie:** Évitez de conserver votre appareil R1 dans un sac ou dans tout espace fermé et chaud pendant des périodes prolongées, à moins qu'il ne soit éteint. Charger votre appareil dans un espace fermé présente un risque potentiel d'incendie et peut réduire la durée de vie de votre R1. Les batteries rechargeables, courantes dans la plupart des appareils mobiles, génèrent de la chaleur pendant la charge et la décharge.

   De plus, optez toujours pour des chargeurs et accessoires d'origine. Des alternatives inférieures ou incompatibles peuvent endommager votre R1 ou diminuer sa durée de vie.

4. **Un espace sécurisé:** Le R1 est livré dans un boîtier transparent durable qui peut être converti en support en l'ouvrant simplement à 180 degrés. Grâce à ce boîtier, vous pouvez créer un espace sûr pour votre Rabbit R1 lorsqu'il n'est pas utilisé. Un bureau, une étagère ou un placard peuvent également parfaitement fonctionner ! Cela réduit le risque qu'il soit renversé ou piétiné.

5. **Gardez-le au sec:** Comme la plupart des appareils électroniques, l'eau n'est pas l'alliée la plus proche de votre Rabbit R1. Évitez de l'utiliser sous la pluie,

gardez les boissons et la nourriture à distance et évitez les piscines et les toilettes.

Nettoyer votre appareil R1:

Essuyez-le: Utilisez un chiffon sec ou des lingettes imbibées d'alcool pour nettoyer délicatement l'extérieur de votre Rabbit R1. Évitez l'eau, les lingettes pour bébé et les nettoyants agressifs – ils pourraient introduire une humidité indésirable.

Étiquettes de chargement:

1. **Chargement correct:** Développez une habitude de recharge qui vous convient le mieux. L'autonomie de la batterie de votre Rabbit R1 dépend de la fréquence à laquelle vous l'utilisez. Il est conseillé de charger votre appareil de zéro à cent pour cent au moins une fois par semaine. Cela contribue à prolonger la durée de vie de la batterie.

2. **Entretien minutieux de la batterie:** Pour une santé optimale de la batterie, pensez à éteindre complètement votre Rabbit R1 avant de le charger. Essayez également de maintenir le niveau de la batterie entre 40 % et 80 % autant que possible.

Conseils de sécurité:

1. **Gardez-le à proximité:** Votre Rabbit R1 est précieux, alors essayez de ne pas le perdre des yeux. Le prêter à autrui, même avec de bonnes intentions, peut entraîner des dommages accidentels.

2. **Rapport antivol:** Assurez-vous de signaler à l'équipe Rabbit votre appareil R1 manquant ou volé en utilisant le portail Rabbithole. Prendre cette mesure intelligente peut aider à protéger votre appareil en cas de disparition.

En mettant en œuvre ces recommandations simples, vous pouvez garantir le bien-être durable et la fonctionnalité optimale de votre Rabbit R1, en vous assurant qu'il reste neuf, solide et toujours prêt à vous aider sur une période prolongée !

Installation d'un skin personnalisé sur votre Rabbit R1

L'achat d'un skin personnalisé pour votre Rabbit R1 est une entreprise passionnante, et ce guide vous guidera tout au long du processus de demande en toute transparence.

Avant que tu commences

(Remarque: pour mieux comprendre comment appliquer l'habillage personnalisé à votre R1, veuillez consulter les images étape par étape sur les pages suivantes.)

Avant de commencer, assurez-vous d'avoir un espace de travail propre en vous lavant les mains pour éliminer tout contaminant et en assurant un éclairage adéquat pour une visibilité optimale.

Ce qui est inclu

- Votre skin Rabbit R1 conçu sur mesure (composé de composants avant et arrière)

- Chiffon en microfibre

Outil supplémentaire nécessaire

- Sèche-cheveux

Procédure de demande

Suivez ces instructions étape par étape pour appliquer votre skin Rabbit R1 personnalisé:

1. **Préparez votre lapin R1**
   Nettoyez minutieusement votre Rabbit R1 à l'aide du chiffon en microfibre afin d'éliminer toute poussière ou trace de doigt.

2. **Appliquer la peau du dos**

   ✓ **Alignez la pièce arrière**

   - Localisez les trous du microphone sur la peau arrière.

   - Décollez partiellement le support papier 3M.

   - Alignez la peau pour masquer la couleur orange à travers les découpes.

   - Fixez fermement le pli initial.

   ✓ **Retirer le papier restant**
   Retirez délicatement le papier 3M restant.

   ✓ **Aligner les fonctionnalités clés**

   - Étirez légèrement la peau pour assurer un bon alignement avec les découpes de la caméra, de la molette de défilement et des haut-parleurs.

   ✓ **Sécurisez la peau**

   - Appliquez une pression au centre de la peau du dos pour y adhérer.

✓ Appliquer des rabats latéraux

- Travaillez vers l'extérieur, en plissant et en enroulant les rabats latéraux de bas en haut.

✓ Affrontez les coins

- Utilisez un sèche-cheveux pour adoucir les rabats exposés.

- Enroulez et fixez progressivement les rabats sur les bords.

✓ Lisser les bosses

- Les petites bosses ou rides peuvent être lissées en chauffant les coins et en frottant doucement avec le chiffon en microfibre.

3. **Adoucir le bord avant**

   ○ Frottez le bord avant tranchant 10 à 15 fois avec le chiffon en microfibre pour l'adoucir.

4. **Appliquer le couvercle du plateau SIM**
   Localisez et appliquez le petit plateau SIM pour recouvrir la peau.

5. **Appliquer la peau avant**

   ✓ **Séparez soigneusement la peau**

   ▪ Séparez délicatement la peau avant du papier 3M, en vous assurant que la partie de l'écran reste attachée à la peau du cadre.

   ✓ **Positionner et sécuriser**

   ▪ Alignez la peau autour de la molette de défilement et de la caméra.

   ▪ Fixez la partie exposée.

   ✓ **Retirer le papier restant**

   ▪ Retirez délicatement le support papier 3M restant.

✓ **Découpe d'écran**

- Décollez la découpe de l'écran de la languette pelable et appliquez-la sur l'écran.

Correction d'erreurs mineures

- **Lunette étirée?**
  Si la partie de l'écran est oubliée ou si la peau du cadre est étirée, décollez simplement la zone affectée, posez-la à plat sur le papier 3M, chauffez-la pendant 5 secondes et repositionnez-la.

La touche finale

- Pour masquer les bords orange visibles sur le devant, chauffez la bordure là où le devant et les côtés se rejoignent et frottez-la 10 à 15 fois avec le chiffon en microfibre.

Toutes nos félicitations!Vous avez installé avec succès votre skin Rabbit R1 personnalisé, personnalisé selon vos préférences. Profitez de votre appareil au style distinctif.

Installation d'un skin personnalisé sur votre Rabbit R1

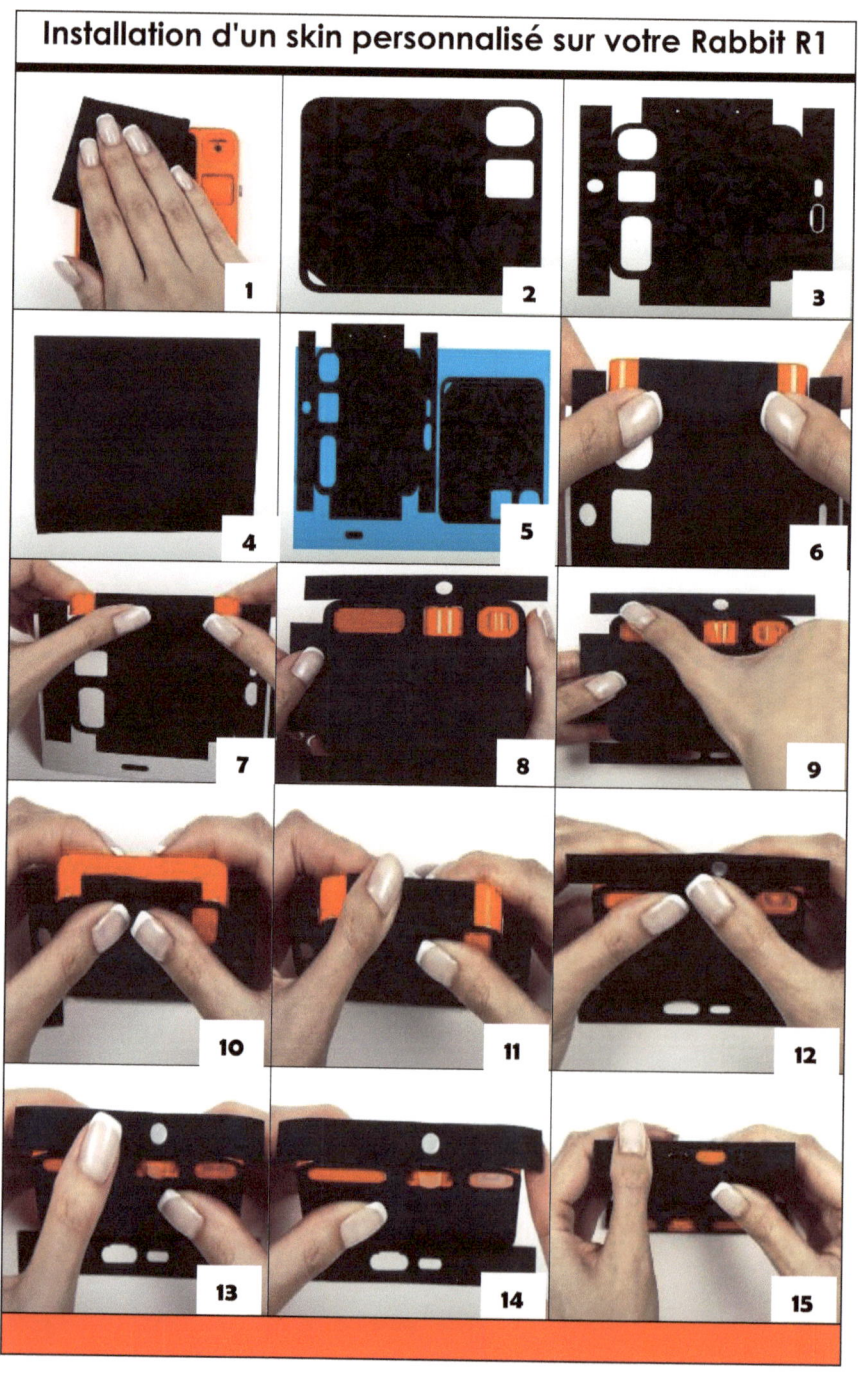

Installation d'un skin personnalisé sur votre Rabbit R1

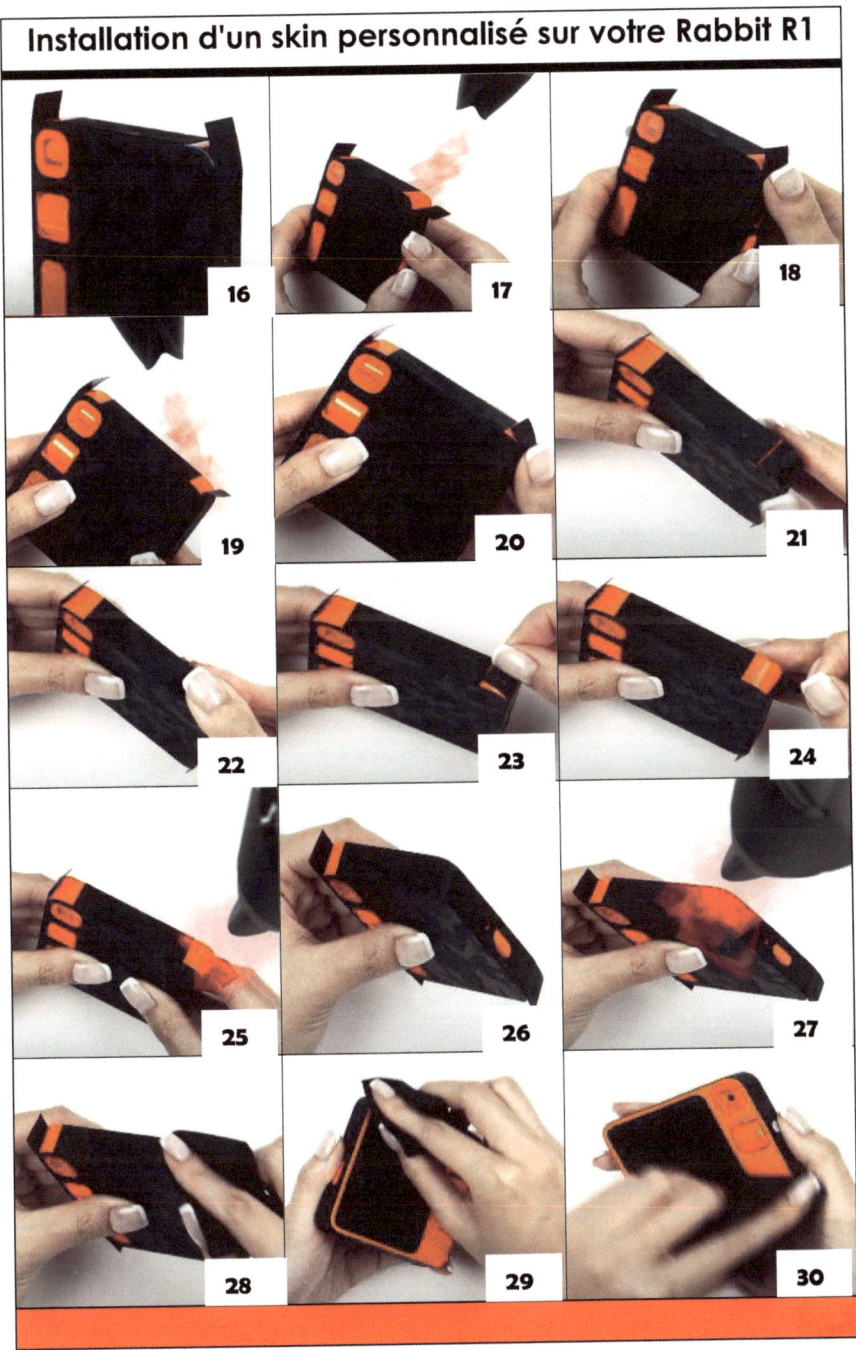

Installation d'un skin personnalisé sur votre Rabbit R1

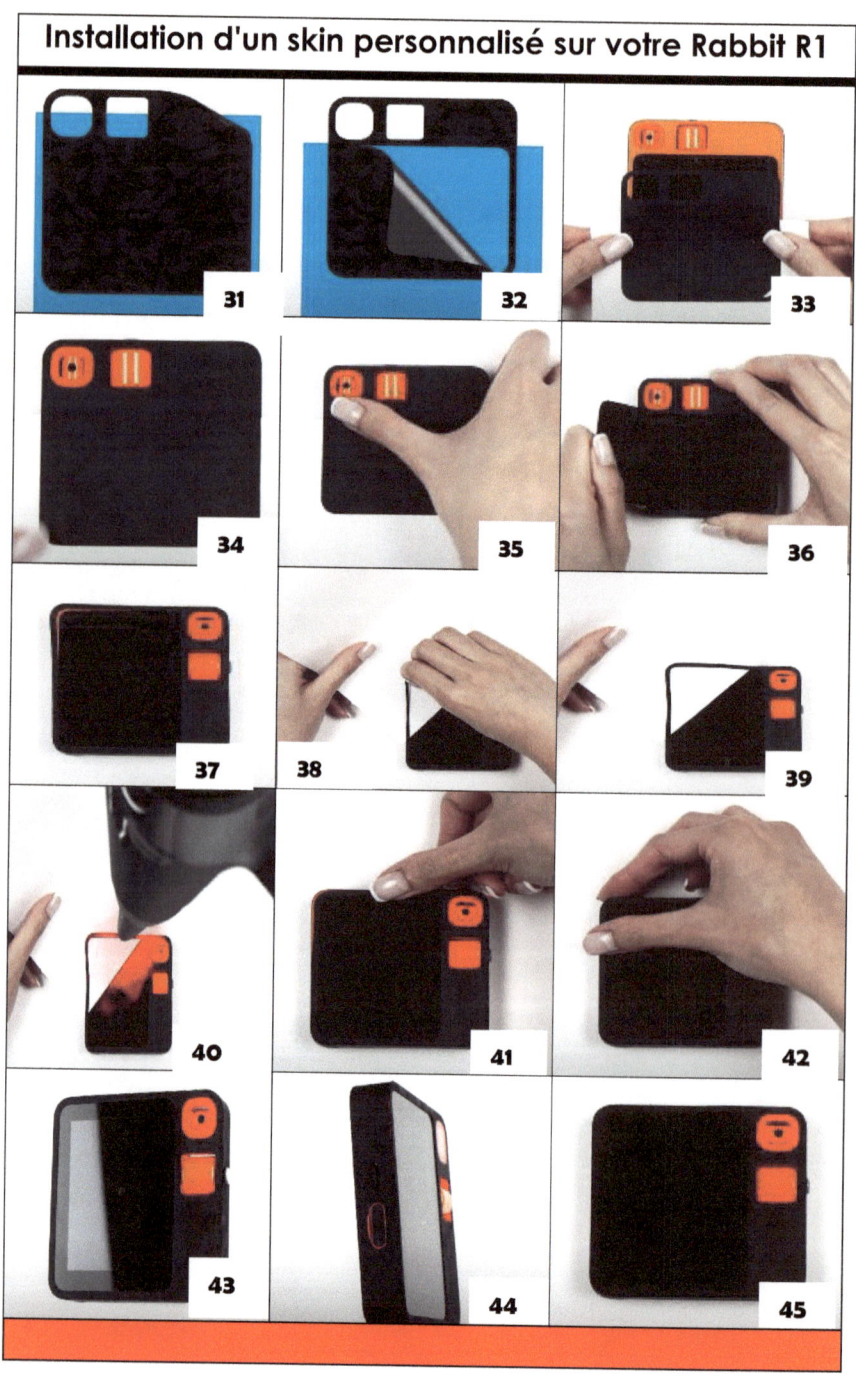

Installation d'un skin personnalisé sur votre Rabbit R1

46

47

48

49

50

Profitez de votre appareil mis

Protéger votre Rabbit R1 avec du verre trempé: un guide complet

Renforcer l'écran de votre Rabbit R1 avec un protecteur en verre trempé est un investissement prudent, et ce guide facilitera un processus de demande fluide.

Mesures préparatoires:

1. **Garantissez un environnement propre:** Identifiez un espace de travail sans poussière et bien éclairé. Des particules de poussière peuvent se coincer sous le verre trempé, entraînant la formation de bulles disgracieuses.

2. **Déballez votre kit:** Assurez-vous que votre kit contient les composants suivants:

   - Chiffon en microfibre

   - Raclette

   - Autocollant de dépoussiérage

   - Deux protecteurs de verre d'écran (dont un servant de rechange)

   - Deux protecteurs de verre pour appareil photo (dont un servant de rechange)

Installation du protecteur de verre d'écran:

(Remarque: pour mieux comprendre comment appliquer la couche de protection en verre trempé sur votre R1, veuillez consulter les images étape par étape sur les pages suivantes.)

1. **Nettoyage d'écran**: Nettoyez minutieusement l'écran de votre Rabbit R1 à l'aide de la lingette imbibée d'alcool fournie.

2. **Séchage minutieux**: Utiliser le chiffon microfibre pour éliminer toute trace résiduelle d'alcool. L'opportunité est cruciale! Laisser l'écran rester humide peut entraîner des stries. Si des stries apparaissent, répétez les étapes 1 et 2 pour sécher l'écran encore plus rapidement.

3. **Élimination des particules de poussière**: Si vous détectez des particules de poussière, retirez-les délicatement à l'aide de l'autocollant anti-poussière. Votre écran devrait maintenant être impeccablement propre.

4. **Retrait et positionnement du support de protection:** Sélectionnez l'un des protecteurs de verre d'écran et décollez soigneusement le support protecteur. Tenez le verre trempé par les languettes latérales pour éviter de toucher la surface adhésive.

5. **Alignement et application:** Alignez soigneusement le verre trempé avec l'écran de votre Rabbit R1, en assurant un espacement égal de tous les côtés. Une fois aligné, posez délicatement le verre.

6. **Activation nano-adhésive:** Tracez une ligne au centre du verre avec votre doigt. Le nano-adhésif fixera le protecteur à l'écran.

7. **Suppression de la couche externe:** Retirez la couche extérieure protectrice restante du verre trempé.

8. **Élimination des bulles:** Si vous remarquez des bulles d'air coincées sous la vitre, restez calme ! Utilisez la raclette pour les pousser délicatement vers le bord du verre, où ils se dissiperont.

Application du protecteur de verre de l'appareil photo (facultatif):

Suivez les étapes 4 à 8 pour appliquer le protecteur de verre de l'appareil photo, en utilisant le protecteur restant et en adhérant aux mêmes principes.

Toutes nos félicitations! L'écran et l'appareil photo de votre Rabbit R1 sont désormais protégés par des protections en verre trempé. Profitez de la tranquillité d'esprit que procure une couche de protection supplémentaire pour votre appareil

Installer un verre trempé sur votre Rabbit R1

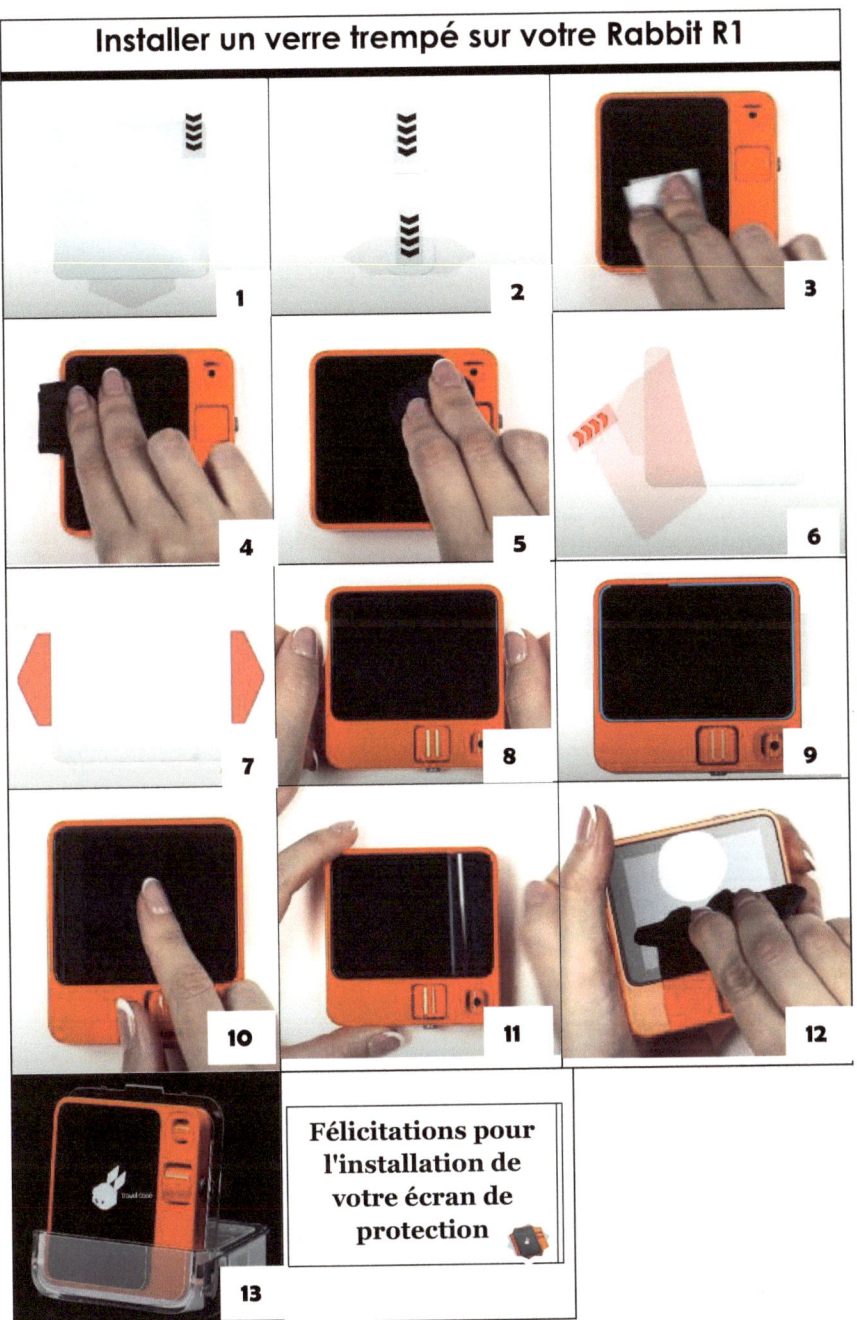

Félicitations pour l'installation de votre écran de protection

20 faits historiques étonnants sur l'AI

Voici 20 instantanés remarquables du parcours de l'AI, depuis ses humbles débuts jusqu'aux incroyables exploits d'aujourd'hui, avec les esprits brillants qui ont permis sa réalisation:

1. Dans les mythologies grecques anciennes, il y avait un dieu nommé Héphaïstos qui fabriquait des assistants dorés ressemblant à des robots. Ces créations magiques pourraient se déplacer et accomplir des tâches par elles-mêmes. Cela montre que même à l'époque, les humains rêvaient de fabriquer des machines intelligentes pour les aider.

2. En 1950, Alan Turing a lancé le défi avec son test éponyme, mettant au défi les machines de tromper les humains dans le jeu de l'intelligence.

3. Le terme intelligence artificielle a été baptisé en 1956 lors de la Conférence de Dartmouth – le Big Bang de l'AI, où les visionnaires se sont réunis pour la première fois pour donner naissance à un nouveau domaine.

4. 1956 a vu les débuts du Logic Theorist; la première IA à déchiffrer des théorèmes mathématiques, prouvant que les machines pouvaient effectivement penser logiquement.

5. En 1943, McCulloch et Pitts ont déclenché une révolution avec les neurones artificiels, jetant les bases des réseaux neuronaux actuels qui alimentent tout, des applications pour smartphone aux voitures autonomes.

6. ELIZA, idée originale de Joseph Weizenbaum en 1966, est devenue la première analyste numérique au monde, pionnière du traitement du langage naturel.

7. Shakey était un robot qui est apparu par hasard en 1966. Il s'agit de la première machine mobile à raisonner sur ses actions - un ancêtre maladroit des androïdes agiles d'aujourd'hui.

8. Le premier hiver de l'AI a duré de 1974 à 1980, alors que la puissance de traitement et la mémoire limitées ont gelé les progrès et tué l'enthousiasme. (Un hiver de l'AI, c'est lorsque les gens perdent leur enthousiasme pour l'AI et cessent de donner de l'argent pour créer de nouvelles innovations en matière d'AI)

9. En 2000, Kismet (une tête de robot conçue par Cynthia Breazeal) a appris à identifier et à simuler les émotions humaines, apportant ainsi une touche humaine au monde des circuits et du code.

10. La victoire de Deep Blue aux échecs en 1997 contre Garry Kasparov a marqué un moment mémorable, prouvant que les machines pouvaient surpasser les humains dans des jeux stratégiques complexes.

11. En 1986, la camionnette Mercedes autonome d'Ernst Dickmanns a pris la route, ouvrant la voie aux véhicules autonomes d'aujourd'hui.

12. Les années 1980 ont vu les passionnés d'AI s'unir sous la bannière de l'AAAI, favorisant la collaboration dans la quête des secrets du comportement intelligent. (Le sens complet de l'AAAI est l'Association pour l'avancement de l'intelligence artificielle. Cette organisation se consacre à la promotion de la recherche, de l'éducation et de l'utilisation responsable de l'intelligence artificielle. Elle a été fondée en 1979 et s'appelait à l'origine l'Association américaine pour l'intelligence artificielle avant (il a changé de nom en 2007. L'AAAI vise à accroître la compréhension du public sur l'AI et à soutenir le développement des praticiens et de la recherche en IA)

13. GPT-3 a fait irruption sur la scène technologique en 2020. Il s'agissait d'un modèle de langage si avancé qu'il permet d'écrire des essais, de la poésie et même du code, brouillant ainsi les frontières entre la créativité humaine et celle de la machine.

14. Des philosophes comme Aristote et Euclide ont jeté les bases du raisonnement formel, essentiel à l'AI.

15. L'invention de l'ordinateur numérique programmable dans les années 1940 a marqué une étape importante vers l'AI moderne.

16. En 1958, Frank Rosenblatt a présenté le modèle Perceptron, un des premiers modèles de réseau neuronal capable d'apprendre à partir de données.

17. En 1986, l'algorithme de rétropropagation a amélioré la formation des réseaux de neurones, ravivant ainsi l'intérêt pour l'apprentissage automatique.

18. Les années 1990 ont vu des progrès dans le domaine du traitement du langage naturel (TALN), permettant aux

machines de comprendre et de générer plus efficacement le langage humain.

19. En 2012, des avancées dans le domaine de l'apprentissage profond, notamment grâce à l'utilisation de réseaux neuronaux convolutifs, ont conduit à des progrès significatifs dans la reconnaissance d'images et de parole.

20. Introduits en 2014, les réseaux contradictoires génératifs (GAN) permettent aux machines de générer des images et des données réalistes, révolutionnant ainsi les applications créatives d'AI.

Conclusion

Grâce aux précieux conseils fournis par ce manuel complet, vous avez réussi à débloquer toutes les capacités de votre Rabbit R1. Maintenant, lancez-vous dans une exploration exaltante de la vaste gamme d'opportunités offertes par cet appareil remarquable.

Nous exprimons notre sincère gratitude pour la confiance que vous nous accordez en consacrant votre temps inestimable, votre attention sans faille et votre investissement financier. Votre Rabbit R1 transcende son statut de simple appareil ; cela sert de chemin pour tirer davantage de la vie, de la connexion et d'une créativité illimitée. Nous espérons que ce guide vous a permis d'exploiter tout le potentiel de votre Rabbit R1 et de vous lancer dans un extraordinaire voyage de découverte.

N'oubliez pas que, tout comme vous, le Rabbit R1 est un apprenant perpétuel, en constante évolution et adaptation. Adoptez cet esprit d'exploration, recherchez sans relâche la connaissance et repoussez les limites de ce qui est jugé possible. Notre soutien indéfectible vous accompagnera à chaque étape de ce parcours remarquable. Quelles aventures captivantes vous attendent avec votre Rabbit R1 aujourd'hui? Le choix vous appartient et les possibilités sont illimitées !

Rabbit R1

Mode d'emploi

Pour les débutants

www.ingramcontent.com/pod-product-compliance
Lightning Source LLC
Chambersburg PA
CBHW040757240526
45474CB00008B/87